公務員試験

畑中敦子の「判断推理」勝者の解き方トレーニング

畑中敦子 著

エクシア出版

JN116994

は じ め に

　公務員試験の教養試験や基礎能力試験において、判断推理は出題数の多い重要科目です。

　その内容は、推理クイズやパズルのような、けっこう楽しい問題で、時間さえあれば勉強しなくても解けるものがほとんどです。しかし、実際の試験では限られた時間で解かなくてはならないため、残念ながら楽しんで解く余裕はなく、早く解くための「訓練」が必要となります。

　その「訓練」を、なるべく効率良く行ってほしいという思いで作られたのが、本書の姉妹書である『「判断推理」勝者の解き方 敗者の落とし穴』です。この本は、津田秀樹先生と私の共著で、今までの参考書に類を見ないほど、1問の解説に多くのページ数を使い、解法パターンがしっかり身に付くよう、とことん掘り下げて解説することで、同じパターンの問題を解く思考回路を作ることを狙いとしました。

　しかし、同書では、1問の解説が丁寧であるため、あまり多くの問題数を掲載できず、問題演習の量としては不十分なものがありました。

　そのため、同書の読者からは「もっと多くの問題を解きたい」という要望が多く、そのような声に応えて作られたのが本書です。

　当然ですが、本書も『勝者の解き方 敗者の落とし穴』同様、**近年の出題数順の構成**に従っています。

　よく出るところを重点的に、しかも**出る順に解く**ことは大変効率の良い学習方法といえるからです。

　一通り学習した方や苦手意識のない方、また、あまり時間のない方は、本書をしっかり解くことで、近年の傾向とポイントを押さえることができるでしょう。

　本書がご活用頂いた皆さんのお役に立てますよう、そして、皆さんが志望先に合格できますよう、スタッフ一同心よりお祈りしております。

畑中敦子

本書の見方と使い方

1
最新の過去問を中心に問題をセレクトしてあります。
何も表記がない問題はオリジナル問題です。

No.2

あるクラスで国語、数学、理科、社会、英語について、得意かどうかのアンケートを実施したところ、次のア〜ウのことが分かった。このとき、確実に言えることとして、最も妥当なのはどれか。

ア　英語が得意でない人は、国語が得意である。
イ　数学が得意な人は、社会が得意かつ国語が得意でない。
ウ　社会または英語が得意な人は、理科が得意でない。

1　英語が得意な人は国語が得意でない。
2　国語が得意な人は理科が得意でない。
3　数学が得意な人は理科が得意である。
4　理科が得意な人は数学が得意でない。
5　社会が得意な人は数学が得意である。

警視庁Ⅰ類　2015年度

2
その問題についての
ひと言コメントです。

 この問題は　命題を分解して論理式に表す問題です。

 解くための下ごしらえ

命題ア〜ウを論理式に表します。
ア　英語→国語
イ　数学→社会∧国語
ウ　社会∨英語→理科

3
条件を図や式に表したり、表などを作成したり、必要な準備はしっかり下ごしらえをします。
ただ、分野や問題によっては必要ない場合もありますので、本書では問題ごとに適宜説明いたします。

🐼 ルール！

命題の分解
「A→B∧C」＝「A→B」「A→C」
「A∨B→C」＝「A→C」「B→C」
※∧：かつ　∨：または

🔍 目のつけ所

命題イの「社会∧国語」や、命題ウの「社会∨英語」は、このままでは他の命題につなげることができませんので分解しましょう。

4
この問題を解くために、どこに着目すればいいのかを説明しています。
「取っかかり」に気づけるようになれば、数的処理が得意科目になること間違いなしです。

5
公務員試験は時間との戦いでもあるため、最短・最速で解ける方法を解説しています。

 解説　　正解は **4**

命題アは対偶をとっておきましょう。

ア　国語→英語

さらに、命題イとウについては、次のように、分解します。

イ　数学→社会　　数学→国語
ウ　社会→理科　　英語→理科

これらをまとめると、次のようになります。

$$\begin{array}{ccc} \overline{国語} & \rightarrow & 英語 \\ \uparrow & & \downarrow \\ 数学 \rightarrow 社会 & \rightarrow & 理科 \end{array}$$

これより、選択肢を確認します。

選択肢1　「国語→英語」は導けますが、その逆は導けません。
選択肢2　「国語→理科」は導けません。
選択肢3　「数学→理科」が導けますので、誤りです。
選択肢4　「数学→理科」が導けますので、対偶をとって「理科→数学」が導けます。
選択肢5　「数学→社会」は導けますが、その逆は導けません。

　よって、選択肢4が正解です。

6
「公式」「ルール」「法則」など、問題を解く、あるいは理解するために必要な情報をタイミングよく紹介しています。

畑中敦子の「判断推理」
勝者の解き方トレーニング

目　次

- はじめに
- 本書の見方と使い方

第1章　順序関係

第2章　対応関係

第3章　位置関係

第4章　試　合

第5章 図形の分割と構成

第6章 数量条件からの推理

第7章 発言と真偽

第8章　命題と論理

第9章　移動と軌跡

第10章　立体図形

第11章　暗　　号

第12章　操作・手順

第1章

順序関係

A～Eの5人で行った100m走の結果について、次のア～エのことがわかっているとき、確実にいえるものはどれか。

ア　AとEの順位は3つ違う。
イ　BはCより先にゴールした。
ウ　Dは4位以下であった。
エ　同じ順位の者はいなかった。

1　Aは1位でゴールした。
2　Bは2位でゴールした。
3　Cは3位でゴールした。
4　Dは4位でゴールした。
5　Eは5位でゴールした。

警視庁Ⅰ類　2012年度

この問題は　**順番を推理する基本問題です。**

 解くための下ごしらえ

条件ア～ウを整理します。
ア　AとE→3つちがう
イ　B＞C
ウ　D→4位以下

 目のつけ所

まずは、条件アから考えてみましょう。5人ですから、3つ違いの順位は2通りですね。ここで場合分けすれば、残りの条件もすんなり入るでしょう。

解説　　　　正解は **3**

　条件アより、AとEは、（1位，4位）（2位，5位）のいずれかですから、ここで場合分けをします。

（1）AとEが（1位，4位）の場合

　AとEはどちらが上位か分かりませんので、図1のように、（　）を付けて記入し、**入れ替え可**としておきます。

　また、条件ウより、Dは5位で、条件イより、Bは2位、Cは3位となります。

図1

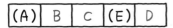

| (A) | B | C | (E) | D |

※AとEは入れ替え可

（2）AとEが（2位，5位）の場合

　同様に、図2のようにAとEを記入すると、条件ウより、Dは4位で、条件イより、Bは1位、Cは3位となります。

図2

| B | (A) | C | D | (E) |

※AとEは入れ替え可

　これより、図1、2のいずれにおいても確実にいえることを選択肢から探すと、正解は選択肢3とわかります。

A～Gの7人は、東西方向に1列に並ぶ7区画の市民農園のうち、それぞれ異なる1区画を利用しており、次のア～エのことが分かっている。

　ア　Aより東側で、かつ、Fより西側の区画を利用しているのは2人である。

　イ　Dが利用している区画は、Cより東側にあり、Bより西側である。

　ウ　Eより東側の区画を利用しているのは4人以下である。

　エ　Gより西側の区画を利用しているのは2人である。

以上から判断して、確実にいえるのはどれか。

1　Aの区画が西から1番目であれば、Fの区画は東から3番目である。

2　Bの区画が東から3番目であれば、Dの区画は西から3番目である。

3　Cの区画が西から2番目であれば、Dの区画は東から4番目である。

4　Dの区画が東から3番目であれば、Fの区画は西から4番目である。

5　Fの区画が東から1番目であれば、Cの区画は西から2番目である。

東京都Ⅰ類B　2017年度

この問題は　順番の推理ですが、選択肢それぞれで考えるタイプになります。

解くための下ごしらえ

> 東方向を右に取って、条件を見やすく図式化します。
>
> ア ┌──┬──┬──┬──┐
> 　　│ A │　　│　　│ F │
> 　　└──┴──┴──┴──┘　　イ　C ＜ D ＜ B
> ウ E ＜（0～4人）　　　エ（2人）＜ G

 目のつけ所

> 　まず、選択肢に着目しましょう！　本問のような条件付きの選択肢が与えられているということは、何通りもの成立例があると推測できます。
> 　そうすると、与えられた条件だけではある程度までしかわからないと覚悟したほうがいいですね。わかるところまでまとめたら、あとは、選択肢ごとに検討してみましょう。

 　　正解は **4**　　

次のように、7区画を①～⑦とします。

　　西 ┌─┬─┬─┬─┬─┬─┬─┐
　　　　│①│②│③│④│⑤│⑥│⑦│ 東
　　　　└─┴─┴─┴─┴─┴─┴─┘

　条件エより、Gは③に決まり、条件ウより、Eは④～⑦のいずれかとなります。

　そうすると、アのブロックが入る場所は、（A，F）＝（①，④）（②，⑤）（④，⑦）の3通りとなりますので、これを決めると、残るところに、イの3人とEを、条件を満たすように入れることができます。

　しかし、これでは成立例は何通りもありますので、これより選択肢に従って作業します。

選択肢1　Aの区画が西から1番目（①）の場合、アのブロックは（A，F）＝（①，④）に決まり、Fは東から4番目になりますので、このようなことはあり得ません。

選択肢2　西から3番目（③）はGですから、Dが西から3番目になることはあり得ません。

選択肢3　Cの区画が西から2番目（②）の場合、条件イ、ウより、①に入れるのはAのみですから、アのブロックは（A，F）＝（①，④）に決まり、東から4番目（④）はFとなりますので、このようなことはあり得ません。

選択肢4　Dの区画が東から3番目（⑤）の場合、アのブロックは（A，F）＝（①，④）（④，⑦）の2通りとなりますので、ここで場合分けをします。

（1）（A，F）＝（①，④）の場合
　残る②、⑥、⑦について、条件イ、ウより、Cが②、BとEが⑥と⑦のいずれかとなり、次のように成立します。

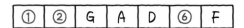

| A | C | G | F | D | (B,E) |

　この場合、Fの区画は西から4番目になります。

（2）（A，F）＝（④，⑦）の場合
　次のようになり、条件イ、ウより、BとEの区画はいずれも⑥のみで、成立しません。

| ① | ② | G | A | D | ⑥ | F |

　これより、（1）の場合に決まり、Fの区画は西から4番目で、確実にいえます。

選択肢5　Fの区画が東から1番目（⑦）の場合、アのブロックは（A, F）
　　　　　＝（④，⑦）に決まり、条件イ、ウより、①に入れるのはCの
　　　　　みですから、**Cの区画は西から1番目**に決まり、このようなこ
　　　　　とはあり得ません。

　以上より、選択肢4が正解です。

No.3

　ある高校において、A〜Eの5人は1〜5組のそれぞれ異なる
組の生徒であり、A又はEのいずれかは、1組の生徒である。A
〜Eの5人が体育祭で100m競走をした結果について、次のア〜エ
のことがわかった。
　　ア　Aがゴールインした直後に3組の生徒がゴールインし、3
　　　　組の生徒がゴールインした直後にCがゴールインした。
　　イ　Dがゴールインした直後に5組の生徒がゴールインし、5
　　　　組の生徒がゴールインした直後にBがゴールインした。
　　ウ　2組の生徒がゴールインした直後に4組の生徒がゴールイ
　　　　ンした。
　　エ　同じ順位の生徒はいなかった。
　以上から判断して、確実にいえることはどれか。

1　Aは、3位であり5組の生徒であった。
2　Bは、5位であり4組の生徒であった。
3　Cは、4位であり2組の生徒であった。
4　Dは、2位であり3組の生徒であった。
5　Eは、1位であり1組の生徒であった。

東京都I類　2008年度

この問題は　**複数の項目の順序関係を推理する問題です。**

解くための下ごしらえ

条件ア〜ウを見やすく図式化します。

ア				イ				ウ		
A	3	C		D	5	B		2	4	

 目のつけ所

5人の順番だけでなく、1〜5組のどの生徒かという対応関係の要素も加わります。

A〜Eと1〜5組を矛盾のないように組み合わせることがポイントです。

解説　　　正解は **4**

「下ごしらえ」のアとイのブロックは、横に並べると6人になりますので、**一部分が重なる**ことになります。すなわち、アのブロックの真ん中の「3」は、イのブロックの「D」または「B」となりますから、それぞれ図1のようになります。

図1

（1）3組＝Dの場合

（2）3組＝Bの場合

図1より、残るEは1位または5位ですから、それぞれの前後に1人を加え、ウのブロックをあてはめると、図2のようになります。

図2

(1)-1

2	4	3	5	1
E	A	D	C	B

(1)-2

1	3	5	2	4
A	D	C	B	E

(2)-1

2	4	5	3	1
E	D	A	B	C

(2)-2

1	5	3	2	4
D	A	B	C	E

　条件より、AまたはEのいずれかは1組の生徒ですが、これを満たすのは（1）−2のみで、この1通りに決まります。

　これより、選択肢を確認すると、正解は選択肢4となります。

A～Eの5人でマラソンをした。中間地点の順位とゴール地点の順位で次のア～カのことが分かっており、両方の地点で同着の者はいなかった。このとき、確実に言えることとして、最も妥当なのはどれか。

　　ア　Aは中間地点からゴール地点にかけて順位を3つ下げた。
　　イ　Bは中間地点からゴール地点にかけて順位を2つ上げた。
　　ウ　Cは中間地点からゴール地点にかけて順位を1つ下げた。
　　エ　Dは中間地点からゴール地点にかけて順位に変動はなかった。
　　オ　EはBより後にゴールした。
　　カ　Cは中間地点とゴール地点において、1位でも5位でもない。

1　Aは中間地点では1位だった。
2　Bはゴール地点では1位だった。
3　BはCより先にゴールした。
4　CはDより先にゴールした。
5　Dは中間地点ではEよりも順位が上だった。

警視庁Ⅰ類　2015年度

 この問題は　順序の変動を推理する問題です。

 ## 解くための下ごしらえ

　条件をわかりやすく整理します。
中間地点→ゴール地点　ア　A→3つ下げた
　　　　　　　　　　　イ　B→2つ上げた
　　　　　　　　　　　ウ　C→1つ下げた
　　　　　　　　　　　エ　D→変動なし
　オ　ゴール　B＞E

カ　中間、ゴールとも　C≠1、5位

 目のつけ所

　条件アより、Aの順位は2通りに絞られます。他の条件より使えそうですね。また、条件ウとカから、Cの順位も絞られますので、このあたりから整理してみましょう。

 **解説**　　　正解は **3**

　条件アより、Aは、中間地点→ゴール地点で、1位→4位、または、2位→5位のいずれかとなり、ここで場合分けをします。

（1）Aが1位→4位の場合
　条件ウ、カより、Cは中間地点とゴール地点において1位でも5位でもなく、順位を1つ下げていますので、2位→3位とわかります（表1）。

表1

	1位	2位	3位	4位	5位
中間地点	A	C			
ゴール地点			C	A	

　条件エより、Dは中間地点とゴール地点のいずれも同じ順位ですが、表1でこれを満たすのは5位だけで、Dはいずれも5位となります。
　そうすると、条件オより、ゴール地点ではBが1位、Eが2位で、条件イより、中間地点ではBは3位、Eは4位となり、表2のようになります。

表2

	1位	2位	3位	4位	5位
中間地点	A	C	B	E	D
ゴール地点	B	E	C	A	D

（2）Aが2位→5位の場合

　同様に、条件ウ、カより、Cは3位→4位とわかります（表3）。

表3

	1位	2位	3位	4位	5位
中間地点		A	C		
ゴール地点				C	A

　条件エより、Dは中間地点、ゴール地点とも1位となり、条件オより、ゴール地点ではBが2位、Eが3位で、条件イより、中間地点ではBが4位、Eが5位となり、表4のようになります。

表4

	1位	2位	3位	4位	5位
中間地点	D	A	C	B	E
ゴール地点	D	B	E	C	A

　以上より、表2、4の2通りが成立し、いずれにおいても確実にいえるのは、選択肢3となります。

No.5

　A～Eの5人が水泳大会に出場し、50mプールで100m自由形の順位を競った。折り返しの50m地点で仮順位を付け、その後、

ゴールした順位を最終順位とした。仮順位と最終順位の変動について、次のア～エのことが分かっているとき、確実に言えるものはどれか。

なお、50m地点の仮順位が決定する前を前半、50m地点の仮順位が決定し、ゴールするまでを後半という。

　ア　Bは後半にAを含む2人に抜かれたが、その後に他の1人を抜いてゴールした。

　イ　Eは後半に1人を抜き、誰にも抜かされず、最終順位を仮順位より1つ上げてゴールした。

　ウ　Dの順位の変動は3であったが、最終順位が仮順位より上がったのか下がったのかは不明である。

　エ　仮順位、最終順位ともに同着（同順位）の者はいなかった。

1　Aは、Dに続いてゴールした。
2　Bは、後半にAとEに抜かれた。
3　Cは、後半で順位を3つ下げた。
4　Dは、後半で逆転して1位になった。
5　Eは、仮順位が最下位だった。

裁判所職員　2017年度

 この問題は **本問も、順位の変動を推理する問題です。**

 解くための下ごしらえ

条件ア～ウをわかりやすく整理します。
ア　B→後半にAを含む2人に抜かれ、他の1人を抜く
イ　E→後半に1人抜き、誰にも抜かれず、順位を1つ上げる
ウ　D→順位の変動3

目のつけ所

条件ア、イは、後半の状況で、情報が多いのはアのほうですね。ここから、Bの仮順位（後半が始まる前の順位）が絞られそうですね。

正解は **1**

　条件アより、Bは後半にまず2人に抜かれているので、後半スタート時には後ろに2人以上いたことになり、仮順位は3位以上です。また、後半に他の1人を抜いていますので、後半スタート時には前に1人以上いたことになり、仮順位は2位以下です。

　これより、Bの仮順位は2位または3位で、2人に抜かれ1人を抜いていますから、順位は1つ下がって、2位→3位、または、3位→4位で、ここで場合分けをします。

（1）Bが2位→3位の場合

　条件イより、Eは順位を1つ上げていますので、3位→2位、または、5位→4位のいずれかです。

　また、条件アより、仮順位ではB＞A、最終順位ではA＞Bですから、Eが3位→2位の場合、表1のように、Aは最終順位で1位ですが、仮順位では4位または5位となり、Eは後半でAに抜かれたことになり、条件イに反します。

表1

	1位	2位	3位	4位	5位
仮　順　位		B	E	A	
最終順位	A	E	B		

　これより、Eは5位→4位となります。

14

そうすると、ここで、条件ウを満たすDの順位を探すと、4位→1位と
わかり、ここまでで表2のようになります。

表2

	1位	2位	3位	4位	5位
仮 順 位		B		D	E
最 終 順 位	D		B	E	

表2より、条件アを満たすAの仮順位は3位、最終順位は2位で、残る
順位にCを記入して表3のようになり、すべての条件を満たしていること
が確認できます。

表3

	1位	2位	3位	4位	5位
仮 順 位	C	B	A	D	E
最 終 順 位	D	A	B	E	C

（2）Bが3位→4位の場合

条件イを満たすEの順位は、2位→1位、または、4位→3位となりま
すが、4位→3位の場合、表4のように、Aは仮順位で5位、最終順位で
1位または2位で、やはり、EはAに抜かれたことになり、条件イに反し
ます。

表4

	1位	2位	3位	4位	5位
仮 順 位			B	E	A
最 終 順 位		A		E	B

これより、Eは2位→1位となり、条件ウを満たすDは、5位→2位と
分かり、表5のようになります。

表5

	1位	2位	3位	4位	5位
仮 順 位		E	B		D
最 終 順 位	E	D		B	

表5より、条件アを満たすAの仮順位は4位、最終順位は3位で、残る順位にCを記入して表6のようになり、この場合もすべての条件を満たしていることが確認できます。

表6

	1位	2位	3位	4位	5位
仮 順 位	C	E	B	A	D
最 終 順 位	E	D	A	B	C

以上より、表3、6の2通りが成立し、いずれにおいても確実にいえるのは、選択肢1となります。

No6

A～Fの6人の体重について、次のア～オのことが分かっているとき、確実にいえるのはどれか。
ア　Aより体重が重いのは2人である。
イ　AはEより2kg軽い。
ウ　BはEと4kg違うが、Aより重い。
エ　CとDは3kg違う。
オ　CはFより7kg重く、Eとは4kg違う。

1　AはDより7kg以上重い。

2　BはFより10kg以上重い。

3　CはEより2kg以上重い。

4　DはFより10kg以上軽い。

5　EはDより7kg以上軽い。

特別区Ⅰ類　2018年度

 この問題は　大小関係を数直線に整理するタイプです。

 ## 解くための下ごしらえ

　条件は見やすいので、特に書き直す必要はありませんが、次のように確認しておきます。

ア　A→重いほうから3番目

イ　A＝E－2kg

ウ　BとE→4kg違う　B＞A

エ　CとD→3kg違う

オ　C＝F＋7kg　CとE→4kg違う

 ## 目のつけ所

　数直線を描いて5人の体重を整理します。条件ウ、エ、オの「○kg違う」というのはどちらが重いかわかりませんから、重いほうがはっきりしている情報から書き入れてみましょう。

　条件イより、AとEの体重差を数直線に表します。条件ウより、BはAより重いので、Eより4kg軽いことはなく、4kg重いとわかり、これを加えて、図1のようになります。

図1

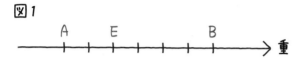

　ここで、条件アより、Aより重いのはBとEの2人だけとわかりましたので、残る3人はAより軽いとわかります。
　そうすると、条件オより、CはEより4kg軽く、FはCより7kg軽く、また、条件エより、DはCより3kg軽いとわかり、図2のようになります。

図2

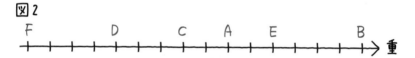

　これより選択肢を確認すると、正解は選択肢2となります。

No.7

　A〜Eの5人の所持金について次のア〜オのことがわかっている。ここから確実にいえるのはどれか。
　ア　AとBの所持金の差は3万円である。
　イ　BとCの所持金の差は5万円である。
　ウ　CとDの所持金の差は7万円である。
　エ　DとEの所持金の差は3万円である。
　オ　EとAの所持金の差は2万円である。

> **1** 所持金が最も多いのは、CまたはDである。
> **2** 所持金が2番目に多いのは、AまたはBである。
> **3** 所持金が3番目に多いのは、BまたはDである。
> **4** 所持金が4番目に多いのは、AまたはEである。
> **5** 所持金が最も少ないのは、DまたはEである。

 この問題は **数直線に整理する定番問題です。**

 ## 解くための下ごしらえ

　本問も、特に書き直す必要はありませんが、次のように確認しておきます。

ア　AとBの差→3万円
イ　BとCの差→5万円
ウ　CとDの差→7万円
エ　DとEの差→3万円
オ　EとAの差→2万円

 ## 目のつけ所

　本問の条件は、いずれもどちらが多いか示されていませんので、数直線の大小の方向（たとえば、右が多いほうとするなど）を決めてしまうと、どの条件から始めても場合分けが必要になります。

　しかし、どの条件にも大小が示されていないなら、**大小の方向を決めない**、つまり、単純に差だけを示すように書けば、とりあえず、最初の場合分けは不要になります。

　ただ、選択肢では大小関係が問われていますので、ここは注意してくださいね。

　条件アより、AとBの所持金の差を、図1のように表します。本問の条件には、どちらの所持金が多いかは全く示されていませんので、数直線の**大小の方向を定めず**、差のみを表すことにします。

図1

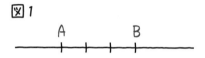

　次に、条件イより、**Bと5万円差**の位置にCを取ります。CとAの差を考えると、図2の2通りとなります。

図2

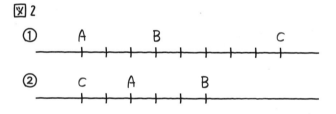

　さらに、条件ウより、それぞれの**Cと7万円差**の位置にDを取ります。Dについても、それぞれ2通りずつで、図3のD$_1$〜D$_4$の4通りとなります。

図3

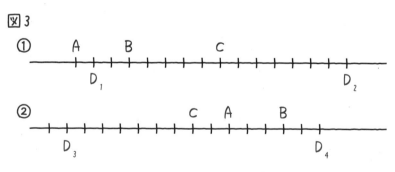

　最後に、条件エ、オより、Eは、Dと3万円差、Aと2万円差ですから、これを共に満たす位置を探すと、①についてはD₁、②についてはD₄のそれぞれに対応するEは図4のようになりますが、D₂、D₃に対応するEの位置はありませんので、図4の2通りに決まります。

図4

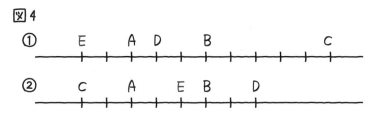

　ここで、図4のそれぞれについて、5人の並び順を見ると、①はE、A、D、B、C、②はC、A、E、B、Dの順となりますが、数直線のどちらの方向が大きいかを定めていませんので、この並びは、**多いほうからの順番**と、**少ないほうからの順番**の両方が考えられます。
　そうすると、所持金が多いほうから1番目→5番目と並べると、表の4通りが考えられます。

	1番目	2番目	3番目	4番目	5番目
①左から多い順	E	A	D	B	C
①右から多い順	C	B	D	A	E
②左から多い順	C	A	E	B	D
②右から多い順	D	B	E	A	C

　これより、選択肢を確認します。
選択肢1　所持金が最も多いのは、C、D、Eのいずれかです。
選択肢2　所持金が2番目に多いのは、AまたはBで、確実にいえます。
選択肢3　所持金が3番目に多いのは、DまたはEです。
選択肢4　所持金が4番目に多いのは、AまたはBです。
選択肢5　所持金が最も少ないのは、C、D、Eのいずれかです。
　よって、正解は選択肢2となります。

No 8

あるスーパーマーケットの弁当売り場で販売したカツ丼、唐揚げ弁当、中華丼、日替り弁当及び幕の内弁当の5種類の弁当について、それぞれの売れた個数を調べたところ、次のことが分かった。

ア 調べた5種類の弁当の売れた個数は、それぞれ異なっており、5種類の弁当の売れた個数の合計は109個であった。

イ 唐揚げ弁当の売れた個数は、幕の内弁当の売れた個数より2個多く、中華丼の売れた個数より7個多かった。

ウ 日替り弁当の売れた個数は、唐揚げ弁当とカツ丼の売れた個数の計から中華丼の売れた個数を引いた個数より2個少なかった。

エ カツ丼の売れた個数は、調べた5種類の弁当の中で3番目に多かった。

以上から判断して、調べた5種類の弁当のうち最も多く売れた弁当の個数として、正しいのはどれか。

1 23個 **2** 24個 **3** 25個 **4** 26個 **5** 27個

東京都Ⅰ類B 2020年度

 この問題は 数量条件を整理して、数直線に記入する問題です。

 解くための下ごしらえ

5種類のお弁当の売れた個数を次のようにA〜Eとします。

かつ丼→A 唐揚げ→B 中華丼→C 日替り→D 幕の内→E

これより、条件を次のように式に表します。

$A + B + C + D + E = 109$ …①

$B = E + 2 = C + 7$ …②

D＝B＋A－C－2　…③
A→3番目

 目のつけ所

「下ごしらえ」で表した②や③の式には共通する文字がありますので、片方をもう片方に代入すれば文字の数を減らせます。できるだけすっきりさせて、A～Eの数量関係を整理できるようにしましょう。

　正解は **5**

まず、条件イより、B、C、Eを図1のように数直線に表します。

図1

　残るはAとDですが、これらはいずれも「下ごしらえ」の③の式にあるのがわかります。また、②と③の式にはBとCが共通していますから、これを利用して、③の式から文字の数を減らすことを考えます。②より、B＝C＋7なので、これを③に代入すると次のようになります。

D＝C＋7＋A－C－2
∴D＝A＋5

　これより、D＝A＋5がわかり、条件よりAは多いほうから3番目ですが、A＜Dですから、Aは図1のBとEの間とわかり、図2のようになります。

図 2

よって、最も多く売れたのはDで、その他のDとの差を読み取って式に表すと、次のようになります。

$$A = D - 5 \quad B = D - 4 \quad C = D - 11 \quad E = D - 6$$

さらに、これらを①に代入して、次のようになります。

$$D - 5 + D - 4 + D - 11 + D + D - 6 = 109$$
$$5D = 135 \quad \therefore D = 27$$

よって、最も多く売れたD（日替わり弁当の個数）は27個で、選択肢5が正解です。

第2章
対応関係

A〜Eの5人は同じ大学の出身で、現在は政治家、医師、弁護士、税理士、教師のいずれか異なる職業に就いている。この5人に関して、次のことが分かっているとき、確実に言えるのはどれか。

　ア　CとEは同じ団地に住んでおり、近くに教師の家がある。
　イ　AとCは高校時代、政治家、弁護士とともに野球部に所属していた。
　ウ　政治家はDとEとともにゴルフによく行く。
　エ　昨日、DとEは医師の家に遊びに行った。
　オ　Cの娘は医師の息子と婚約している。

1　Aは教師である。
2　Bは医師である。
3　Cは税理士である。
4　Dは弁護士である。
5　Eは税理士である。

警視庁Ⅰ類　2013年度

この問題は　人と職業という2項目の対応を推理する最も基本的なパターンです。

 解くための下ごしらえ

　A〜Eの5人と5つの職業の対応を推理します。次のような対応表を用意して、情報を記入していきましょう。

	政治家	医師	弁護士	税理士	教師
A					
B					
C					
D					
E					

目のつけ所

A〜Eの5人は異なる職業に就いていますから、1人↔1職業の対応です。このような場合は、対応表の各行、各列に○は1つずつですから、どこかに○が入ったら、同じ行や列には×を記入するのを忘れないようにしましょう。

 正解は **3**

A〜Eと5つの職業で対応表を作成します。

条件アより、CとEは教師ではありませんので、×を記入します。

同様に、条件イ〜オより、AとCの政治家、弁護士に×、DとEの政治家、医師に×、Cの医師に×をそれぞれ記入します（表1）。

表1

	政治家	医師	弁護士	税理士	教師
A	×		×		
B					
C	×	×	×		×
D	×	×			
E	×	×			×

本問は、1人と1つの職業が対応しますので、表1より、政治家はBとわかり、Bの政治家に○、その他の職業に×を記入すると、医師はAとわかります。

同様に、Aの医師に○、その他の職業に×を記入すると、教師はDとわかり、Dの教師に○、その他の職業に×を記入すると、弁護士はE、税理士はCとなり、表2のようになります。

表2

	政治家	医師	弁護士	税理士	教師
A	×	○	×	×	×
B	○	×	×	×	×
C	×	×	×	○	×
D	×	×	×	×	○
E	×	×	○	×	×

表2より、選択肢3が正解です。

No2

　A～Gの7人は、それぞれノルウェー、オーストラリア、シンガポール、エジプトのいずれか1ヵ国に旅行したことがある。次のア～エのことがわかっているとき、確実にいえることとして、最も妥当なのはどれか。

　ア　ノルウェーに旅行したことがある者は、A、Cのうち1人であった。

　イ　オーストラリアに旅行したことがある者は、A、C、Gのうち2人であった。

　ウ　シンガポールに旅行したことがある者は、B、E、Fのうち2人であった。

　エ　エジプトに旅行したことがある者は、D、E、Gのうち2人であった。

1　Aはオーストラリアに旅行したことがある。

2　Aはノルウェーに旅行したことがある。

3　Cはオーストラリアに旅行したことがある。

4　Eはエジプトに旅行したことがある。

5　Gはエジプトに旅行したことがある。

東京消防庁（専門系）　2017年度

この問題は　**本問も、2項目の対応関係の問題です。**

解くための下ごしらえ

A〜Gと4つの国の対応表を用意しましょう。

	A	B	C	D	E	F	G	計
ノルウェー								
オーストラリア								
シンガポール								
エジプト								

目のつけ所

　本問は、1人は1か国ですが、同じ国に旅行した者もいますね。条件から各国に旅行した人数が与えられていますので、これを満たすように表を埋めていきましょう。

　表はすべて完成するとは限りませんので、**不確定なところにこだわって**時間をロスしないよう気をつけてください。

正解は **4**

A～Gと4か国で対応表を作成し、条件より、旅行したことがないとわかる者に×を記入します（表1）。

表1

	A	B	C	D	E	F	G	計
ノルウェー		×		×	×	×	×	1
オーストラリア		×		×	×	×		2
シンガポール	×		×	×			×	2
エジプト	×	×	×			×		2

表1より、B、Fはシンガポール、Dはエジプトとわかり、シンガポールはBとFの2人ですから、Eに×を記入し、ここから、Eはエジプトとわかります。

これより、エジプトはDとEの2人ですから、Gに×が入り、Gはオーストラリアとわかり、表2のようになります。

表2

	A	B	C	D	E	F	G	計
ノルウェー		×		×	×	×	×	1
オーストラリア		×		×	×	×	○	2
シンガポール	×	○	×	×	×	○	×	2
エジプト	×	×	×	○	○	×	×	2

残るAとCは、ノルウェーとオーストラリアが1人ずつですが、確定しません。

これより、選択肢4が正解です。

No**3**

　祭り見物に行ったA〜Eの5人が、屋台でそれぞれクレープ、フライドポテト、ポップコーン、アメリカンドッグの4種類のうち2種類を買った。各人が5人の買った食べ物について次のように述べているとき、確実に言えることとして、最も妥当なのはどれか。

　A　「私を含め3人だけがクレープを買った。」
　B　「私はフライドポテトを買った。フライドポテトとポップコーンの両方を買った人はいない。」
　C　「私はフライドポテトを買った。私とAは同じ食べ物を買っていない。」
　D　「私はポップコーンを買った。」
　E　「私を含めて3人だけがアメリカンドッグを買った。」

1　Aはフライドポテトを買った。
2　Bはクレープを買った。
3　Cはポップコーンを買った。
4　Dはクレープを買った。
5　Eはクレープを買った。

警視庁Ⅰ類　2015年度

この問題は　**本問も、2項目の対応関係の問題です。**

解くための下ごしらえ

A〜Eと4種類の食べ物の対応表を用意しましょう。

	クレープ	フライド	ポップ	アメリカン
A				
B				
C				
D				
E				
計				

目のつけ所

　条件より、A〜Eの5人は2種類ずつ買っていますので、〇の数は5×2＝10ですね。

　すなわち、それぞれの食べ物を買った人数の合計も10ですから、これを満たすように表を埋めましょう。

　本問も確定しないところがあるかもしれませんので、注意してください。

　　正解は **5**

　A〜Eと4種類の食べ物で対応表を作成します。

　各人の発言からわかることを記入し、また、フライドポテトとポップコーンを両方買った人はいないことから、表1のようになります。

表1

	クレープ	フライド	ポップ	アメリカン
A	○			
B		○	×	
C		○	×	
D		×	○	
E				○
計	3			3

　Cの発言から、AとCは同じ食べ物を買っていないので、Cのクレープに×が入り、Cのもう1つはアメリカンドッグとわかります。これより、Aのフライドポテトとアメリカンドッグに×が入り、Aのもう1つはポップコーンとわかります。

　そうすると、この時点で、フライドポテトとポップコーンはそれぞれ2人が買っており、クレープとアメリカンドッグとで合計10になりますが、5人×2種類の合計も10ですから、フライドポテトとポップコーンは2人ずつしか買っていないとわかります。

　これより、Eのフライドポテトとポップコーンに×が入り、Eのもう1つはクレープとわかり、表2のようになります。

表2

	クレープ	フライド	ポップ	アメリカン
A	○	×	○	×
B		○	×	
C	×	○	×	○
D		×	○	
E	○	×	×	○
計	3	2	2	3

　表2より、BとDはクレープとアメリカンドッグを1つずつ買っていますが、確定はせず、選択肢5が正解となります。

A〜Dの4人は、毎週月曜日から金曜日までの間スポーツジムに通っている。次のア〜ウのことが分かっているとき、確実に言えるものはどれか。

ア　AとCは3日連続で、Bは1日おきで、Dは週に2日スポーツジムに通っている。

イ　4人のうち3人がスポーツジムに通うのは木曜日だけである。また4人全員がスポーツジムに通う日はない。

ウ　CとDがともにスポーツジムに通うのは週のうち1日ある。

1　AとCの2人がともにスポーツジムに通うのは週のうち2日である。

2　Bは週に3日スポーツジムに通っている。

3　BとCの2人がともにスポーツジムに通うのは火曜日である。

4　Dは月曜日にスポーツジムに通っている。

5　AとDの2人がともにスポーツジムに通うのは週のうち1日である。

裁判所職員　2016年度

この問題は　本問も、2項目の対応関係の問題です。

解くための下ごしらえ

A〜Dの4人と月〜金の5日間の対応表を用意しましょう。

	月	火	水	木	金
A					
B					
C					
D					

目のつけ所

　まず、条件アのAとCが通う日に着目します。5日間のうち3日連続ですから、必ず通う曜日がありますね。
　また。条件イより、木曜以外は多くて2人ということになります。しっかり頭に入れて推理していきましょう。

 　　正解は **4**

　A～Dと月～金曜日で対応表を作成します。

　条件アより、AとCは3日連続ですから、(月, 火, 水)(火, 水, 木)(水, 木, 金) のいずれかとなり、2人とも水曜日は○が入ります。

　そうすると、条件イより、水曜日はAとCの2人だけですから、BとDの水曜日に×が入り、条件アより、Bは火曜日と木曜日とわかります（表1）。

表1

	月	火	水	木	金
A			○		
B	×	○	×	○	×
C			○		
D			×		

　ここで、条件ウより、CとDが共に通う1日を考えると、条件イより火曜日ではありませんので、月曜日、木曜日、金曜日のいずれかとなり、ここで場合分けをします。

（1）CとDが共に月曜日に通う場合

　Cは、（月，火，水）の３日間となり、木曜日と金曜日に×が入りますので、条件イより、木曜日のAとDに○が入ります。

　また、火曜日はBとCの２人ですから、Aの火曜日に×が入りますので、Aは、（水，木，金）の３日間とわかり、条件アより、Dは２日ですから、月曜日と木曜日以外に×が入り、表２のように成立します。

表2

	月	火	水	木	金
A	×	×	○	○	○
B	×	○	×	○	×
C	○	○	○	×	×
D	○	×	×	○	×

（2）CとDが共に木曜日に通う場合

　木曜日はB、C、Dの３人となり、Aに×が入りますので、Aは、（月，火，水）の３日間とわかります。

　そうすると、火曜日はAとBの２人ですから、CとDに×が入り、Cは、（水，木，金）の３日間とわかります。

　よって、条件ウより、Dの金曜日に×が入りますので、Dの残る１日は月曜日となり、表３のように成立します。

表3

	月	火	水	木	金
A	○	○	○	×	×
B	×	○	×	○	×
C	×	×	○	○	○
D	○	×	×	○	×

（3）CとDが共に金曜日に通う場合

　Cは、（水，木，金）の3日間となり、条件ウより、Dの木曜日に×が入りますので、木曜日はA、B、Cの3人となり、Aの木曜日に○が入り、また、条件イより、Aの金曜日に×が入ります。

　これより、Aは、（火，水，木）の3日間とわかり、火曜日はAとBの2人なので、Dの火曜日に×が入り、残る1日は月曜日となり、表4のように成立します。

表4

	月	火	水	木	金
A	×	○	○	○	×
B	×	○	×	○	×
C	×	×	○	○	○
D	○	×	×	×	○

　以上より、表2〜4の3通りが成立し、いずれにおいても確実にいえるのは選択肢4となります。

No.5

　　A～Eの5人が、ある週の月曜日から金曜日までの5日間のみ、書店でアルバイトを行った。A～Eのアルバイトの日程について次のことが分かっているとき、確実にいえるのはどれか。

　○　各曜日とも2人ずつが勤務し、A～Eはそれぞれ2日ずつ勤務した。
　○　A、B、Dは男性であり、C、Eは女性である。
　○　月曜日と火曜日に勤務したのは男性のみであった。
　○　Aが勤務した前日には必ずBが勤務していた。
　○　Aは火曜日に勤務した。また、Cは2日連続では勤務しなかった。

1　Aは、2日連続で勤務した。
2　Bは、火曜日に勤務した。
3　Cは、ある曜日にAと共に勤務した。
4　Dは、ある曜日に女性と共に勤務した。
5　Eは、木曜日に勤務した。

国家一般職　2019年度

この問題は　**本問も、2項目の対応関係ですが、やや応用問題になります。**

🌱 解くための下ごしらえ

　　A～Eの5人と月～金の5日間の対応表を用意します。2番目の条件で性別がわかりますので、これも記入しておきましょう（後で欄外に追加してもOK）。

	月	火	水	木	金
A（男）					
B（男）					
C（女）					
D（男）					
E（女）					

目のつけ所

　A～Eの性別からわかることなどがありますので、記入できる条件は入れてしまいます。ある程度記入したところで手が止まってしまった場合は、場合分けということになりますが、選択肢を注意深く見ながら最小限の作業で正解できるようにしましょう。

 正解は **5**

　まず、3番目の条件より、女性であるCとEは月曜日と火曜日に勤務していません。そうすると、5番目の条件より、Cが勤務したのは水曜日と金曜日に決まります。

　また、4、5番目の条件より、Aは火曜日、Bは月曜日に勤務したとわかります。また、5人が勤務したのはこの5日間だけですから、4番目の条件より、Aは月曜日に勤務することはなく、**月曜日はBとDに決まり**、ここまでで表1を得ます。

表1

	月	火	水	木	金
A（男）	×	○			
B（男）	○				
C（女）	×	×	○	×	○
D（男）	○				
E（女）	×	×			

　残る部分についてはすぐにわかるところがありませんね。しかし、たとえば、Aが勤務したもう1日がわかれば、Bが勤務した日もわかり、残る部分も埋められそうですので、ここで場合分けをしましょう。

（1）Aが水曜日に勤務した場合
　Bは火曜日に勤務していますので、火曜日はAとB、水曜日はAとCとわかり、AとBの他の曜日と、火曜日と水曜日の他の人に×を記入します。
　そうすると、木曜日はDとE、金曜日はCとEとわかり、表2のように成立します。
　ここで、選択肢を確認しますが、残念ながらいずれも当てはまりますね。

表2

	月	火	水	木	金
A（男）	×	○	○	×	×
B（男）	○	○	×	×	×
C（女）	×	×	○	×	○
D（男）	○	×	×	○	×
E（女）	×	×	×	○	○

（2）Aが木曜日に勤務した場合
　同様に記入していくと、表3のように成立します。
　ここで、選択肢1～4が消去でき、選択肢5が正解とわかります。

表3

	月	火	水	木	金
A（男）	×	○	×	○	×
B（男）	○	×	○	×	×
C（女）	×	×	○	×	○
D（男）	○	○	×	×	×
E（女）	×	×	×	○	○

（3）　Aが金曜日に勤務した場合

　同様に記入していくと、表4のように成立します。

表4

	月	火	水	木	金
A（男）	×	○	×	×	○
B（男）	○	×	×	○	×
C（女）	×	×	○	×	○
D（男）	○	○	×	×	×
E（女）	×	×	○	○	×

　以上より、選択肢5が正解です。

　ちなみに、今回の場合分けにあたり、AとBは（水，火）、（木，水）、（金，木）のいずれかで勤務しますので、**水曜日と金曜日のどちらかには2人のうち1人が勤務する**ことがわかります。そうすると、**Eが水曜日と金曜日の両方に勤務することはありません**ので、**Eは木曜日に必ず勤務する**とわかり、ここに気づけば場合分けせずとも正解できたことになります。

A～Eの5人は同じ会社に勤めている。5人の所属する課、通勤手段、趣味について次のア～クのことがわかっているとき、確実にいえることとして、最も妥当なのはどれか。

ア A～Eの5人は、ゴルフ、旅行、読書、スポーツ観戦、映画鑑賞のいずれか1つを趣味としており、同じ趣味を持つ者はいない。

イ A～Eの5人の通勤手段は、自転車、バス、電車のいずれか1つであり、自転車通勤の者は1人、バス通勤、電車通勤の者はそれぞれ2人ずついる。

ウ Aは人事課に所属しており、バスで通勤している。

エ 自転車通勤の者はスポーツ観戦が趣味である。

オ Cは総務課に所属しており、Cのほかにもう1人総務課に所属している者がいる。

カ Dは営業課に所属しており、ゴルフが趣味である。

キ 経理課に所属している者は電車で通勤している。

ク Eは電車で通勤しておらず、映画鑑賞が趣味である。

1 Aの趣味は読書である。

2 Bの趣味は旅行である。

3 Bは総務課に所属している。

4 Cは電車通勤である。

5 Dは電車通勤である。

東京消防庁Ⅰ類 2018年度

 この問題は 複数の項目の対応関係の問題です。

解くための下ごしらえ

　A～Eの5人と所属、趣味、通勤手段で対応表を作成します。趣味は条件アにある5つで、1人に対して1つの対応です。通勤手段は条件イにある3つですね。人数を記入する欄を設け、条件ア、イからわかる人数を記入しましょう。所属する課ですが、条件に順次出てきますね。ここはわかり次第記入するということで、次のような表でいいでしょう。

	所属	ゴ	旅	読	ス	映	自	バ	電
A									
B									
C									
D									
E									

 ## 目のつけ所

　項目がたくさんあって、とても複雑に感じるかもしれませんが、それほど難問ではありません。A～Eを基準に対応表を書くと、たとえば、趣味と通勤手段の対応（条件エなど）はすぐには記入できませんが、**片方がわかったらもう片方へつなげる**（条件エでは、自転車通勤の者がわかったらスポーツ観戦にも〇を入れる）ように、情報をリンクさせていきましょう。

 　　　　正解は **5**

　条件ウ、オ、カより、A、C、Dの所属する課を記入します。また、条件ウ、カ、クからわかるところを記入して、表1を得ます。

表1

	所属	ゴ	旅	読	ス	映	自	バ	電
A	人事	×				×	×	○	×
B		×				×			
C	総務	×				×			
D	営業	○	×	×	×	×			
E		×	×	×	×	○			×
		1	1	1	1	1	1	2	2

　条件エより、バス通勤のAはスポーツ観戦が趣味ではありません。また、ゴルフが趣味のDと映画鑑賞が趣味のEは自転車通勤ではありませんので、それぞれ×を記入します。

　また、条件オ、キより、BとEの所属する課は総務課と経理課のいずれかですが、Eは電車通勤ではありませんので、経理課ではなく総務課です。これより、Bは経理課で電車通勤とわかり、ここまでで表2を得ます。

表2

	所属	ゴ	旅	読	ス	映	自	バ	電
A	人事	×			×	×	×	○	×
B	経理	×				×	×	×	○
C	総務	×				×			
D	営業	○	×	×	×	×	×		
E	総務	×	×	×	×	○	×		×
		1	1	1	1	1	1	2	2

　表2より、自転車通勤はCで、条件エより、スポーツ観戦に〇を記入します。また、電車通勤のもう1人はDで、Eはバス通勤とわかり、表3を得ます。

　残る、AとBの趣味については確定しませんね。

表 3

	所属	ゴ	旅	読	ス	映	自	バ	電
A	人事	×			×	×	×	○	×
B	経理	×			×	×	×	×	○
C	総務	×	×	×	○	×	○	×	×
D	営業	○	×	×	×	×	×	×	○
E	総務	×	×	×	×	○	×	○	×
		1	1	1	1	1	1	2	2

これより、選択肢を確認すると、確実にいえるのは選択肢 5 となります。

ある診療所で、ある週の月曜日から金曜日までに、A〜Fの6人が3種類のワクチンX、Y、Zのいずれか1種類を1回接種した。この診療所では、月曜日にはXのみ、火曜日にはYのみ、水曜日と金曜日にはZのみ、木曜日にはXとYが接種できる。この週のワクチンの接種状況について、次のことが分かっているとき、確実にいえるのはどれか。

　ただし、A〜Fがワクチンを接種した週には、A〜F以外にワクチンを接種した者はいなかったものとする。
　○　同日に3人以上がワクチンを接種した日はなかった。
　○　誰もワクチンを接種しない日が1日だけあった。
　○　ワクチンX、Y、Zを接種した者は、それぞれ2人であった。
　○　AとBは、同日にワクチンを接種した。
　○　CがYのワクチンを接種した日には、他にワクチンを接種した者はいなかった。
　○　DとEは、異なる種類のワクチンを接種した。
　○　Eは、木曜日にワクチンを接種した。

1　Aは、Zを接種した。
2　Eは、Xを接種した。
3　Fは、X又はZを接種した。
4　DとFは、同じ種類のワクチンを接種した。
5　金曜日には、誰もワクチンを接種しなかった。

国家専門職　2017年度

この問題は　やや変わった問題です。表の書き方を工夫してみましょう。

解くための下ごしらえ

とりあえず、月〜金の摂取できるワクチンを整理しておきます。

月	火	水	木	金
X	Y	Z	X・Y	Z

 目のつけ所

　A〜Fと月〜金で対応表を書くと、X、Y、Zはどうしましょう？　これを表中に記入するという方法もありますが、本問はそこまでする必要はありません。

　条件はたくさんありますが、それほど複雑ではありませんので、わかるように整理してみるといいかもしれませんね。

　　　正解は **3**

　1、3番目の条件より、X〜Zは各2人が接種しており、同日に3人以上は接種していません。

　そうすると、5、7番目の条件より、CがYを接種したのは火曜日に決まり、また、4、5、7番目の条件より、AとBは木曜日ではないので、同じワクチンを接種しており、それはYではありません。

　これより、AとBが接種したのはXまたはZですから、ここで場合分けをします。

（1）AとBがXを接種した場合

　AとBが接種したのは月曜日に決まります。

　また、EはXではないので、木曜日にYを接種しており、残るDとFはZとなります。

　そうすると、2番目の条件より、DとFは水曜日または金曜日の同じ日

に接種したことになり、表1のように成立します。

表1

A	B	C	D	E	F
x	x	Y	Z	Y	Z
月	月	火	水or金	木	水or金

（2）AとBがZを接種した場合

　AとBが接種したのは水曜日または金曜日の同じ日で、もう1日は誰も接種していませんから、2番目の条件より、その他の日は誰かが接種していることになります。

　また、6番目の条件より、DとEはXとYが1人ずつですから、残るFはXに決まります。

　DとEについて、DがX、EがYの場合は、表2のようになり、DとFはともに月曜日か、月曜日と木曜日が1人ずつのいずれかですが、確定しません。

表2

A	B	C	D	E	F
Z	Z	Y	x	Y	x
水or金	水or金	火		木	

　また、DがY、EがXの場合は、Dは木曜日、Fは月曜日となり、表3のようになります。

表3

A	B	C	D	E	F
Z	Z	Y	Y	x	x
水or金	水or金	火	木	木	月

　以上より、表1～3のいずれにおいても確実にいえるのは選択肢3となります。

第3章

位置関係

A～Hの8人が、下図のような病院の待合室にある①～⑧のいずれかの座席に、テレビのある方に向かって座っている。8人の座り方について、さらに次のことがわかっているとき、確実に言えることとして、最も妥当なのはどれか。

ア　AはCの真正面の席に座っている。

イ　BはCの真正面の席の人と隣り合わせに座っている。

ウ　DはFの真後ろの席の人と隣り合わせに座っている。

エ　Eは自身から見て右隣の席のAと隣り合わせに座っている。

オ　GはBの真後ろの席に座っている。

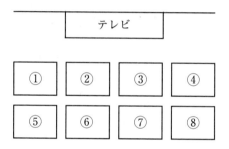

1　Aは②に座っている。

2　Bは③に座っている。

3　Dは⑦に座っている。

4　Fは④に座っている。

5　Hは⑤に座っている。

警視庁Ⅰ類　2016年度

この問題は　座席の配置を推理する基本的な問題です。

解くための下ごしらえ

　このような問題は、条件を見やすくブロック化できるようなら、しておきます。たとえば、条件アは次のようになります。

　他の条件も同様に表してもいいですが、このアのブロックにイ、エ、オをつなげることができますので、今回は、それぞれをブロック化する必要はありませんね。

 目のつけ所

　まず、アのブロックにイをつなげることを考えると、BがAと隣り合うのはわかりますが、左右のどちらかはわかりません。不明のまま続けてもいいですが、条件エに目を向けると、ここは解決しますね。ア→エ→イ→オとつなげたら、あとは残る部分を考えるだけです。

 　　　　正解は **5**

　条件ア、エより、Cの真正面の席にAが座り、そのAの左隣の席にEが座っています。
　また、条件イより、BはAの隣の席なので、Aの右隣の席とわかり、条件オより、Bの真後ろにGとなり、ここまでを図1のように表します。

図1

E	A	B
	C	G

残る D、F、H について、条件ウより、D は F の真後ろの席の隣なので、F の真後ろは H となり、図1と組み合わせると、図2のようになります。

図2

F	E	A	B
H	D	C	G

これより、選択肢5が正解です。

No.2

　下の図のような、3階建てで13部屋あるワンルームマンションがある。1室は空室で、残りの12部屋に A〜L の12人がそれぞれ1人ずつ住んでいる。次のア〜オのことがわかっているとき、☆の部屋について確実にいえることとして、最も妥当なのはどれか。

　ア　A の部屋の両隣には I の部屋と空室があり、その空室のすぐ上には F が住んでいる。

　イ　B の部屋の両隣には F の部屋と K の部屋があり、B の部屋のすぐ上には D の部屋がある。

　ウ　C の部屋の両隣には K の部屋と L の部屋があり、C の部屋のすぐ上には H の部屋がある。

　エ　E の部屋の右隣には D の部屋が、左隣には H の部屋がある。

　オ　J の部屋の両隣に G と I の部屋があり、I の部屋のすぐ上は K の部屋である。

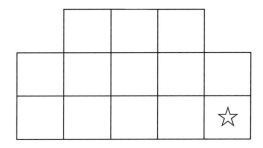

1 Fの部屋である。
2 Gの部屋である。
3 Iの部屋である。
4 Kの部屋である。
5 空室である。

東京消防庁Ⅰ類 2017年度

この問題は 部屋の配置を推理する基本的な問題です。

解くための下ごしらえ

　本問も、条件の1つ1つをブロック化しなくても、1つのブロックに他の条件がつながっていきます。どの条件から描き始めるか、よく考えて作業を始めましょう。

目のつけ所

　条件エ以外は、いずれも「両隣」という情報で、左右がはっきりしませんね。ここは、**左右が決まる条件エ**からブロックを描きましょう。あとは、そこにつながる条件を探せばいいですね。

 解説 　　正解は **5**

　まず、左右が特定できる条件エに着目し、図1のように表します。

図1

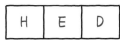

H　E　D

そうすると、条件イ、ウより、Dのすぐ下がB、Hのすぐ下がCで、B、Cはいずれも K と隣り合っていますので、B と C の間に K、さらに、条件を満たすように F と L を加えて、図2のようになります。

図2

	H	E	D	
L	C	K	B	F

ここで、条件アより、F のすぐ下が空室、その隣が A、その隣が I となり、条件オより、I の隣が J、その隣が G となり、図3のようになります。

図3

	H	E	D	
L	C	K	B	F
G	J	I	A	空

図3より、☆の部屋は空室とわかり、選択肢5が正解です。

No.3

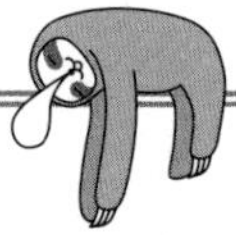

　A～Hの8人が円卓を囲むように座っている。次のア～オのことがわかっているものとすると、Cがいる方角はどれか。
　ア　Aの左隣はFである。
　イ　Bの向かいの人はDの右隣にいる人である。
　ウ　Dは北東にいる。
　エ　EはFの向かいにいる。
　オ　Hの左隣の隣がGで、Gの隣の隣がBである。

| **1** 南西 | **2** 南東 | **3** 北東 | **4** 東 | **5** 北西 |

警視庁 II 類　2005 年度

  この問題は　**円卓の位置関係を推理する問題です。**

🌱 解くための下ごしらえ

　円卓を囲む 8 人の位置関係の推理です。まずは、次のような図を描きましょう。

👁 目のつけ所

　すぐに記入できるのは、**条件ウのD**ですね。ここから**条件イ→オ**とつながっていきます。

　本問は、図の方向が定められているので、それぞれの席は区別できます。ただ、これは珍しいケースで、たいていは座席の区別がありませんので注意してください。

正解は **1**

　図 1 のように、8 つの席を①〜⑧とすると、まず、条件ウより、Dは②で、条件イより、Dの右隣（①）の向かいの⑤はBとわかります。

　そうすると、条件オより、Bの隣の隣のGは③または⑦で、その隣の隣の

Hは①となり、これより、Hの左隣の隣であるGは③に決まります（図2）。

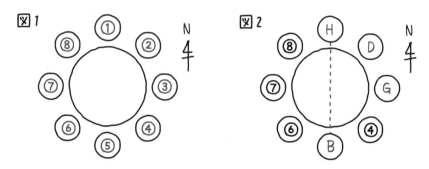

図1

N

図2

N

　そうすると、条件エより、EとFは④と⑧のいずれかとなりますが、条件アより、Aの左隣がFなので、Fは⑧でAは⑦、Eは④に決まり、残るCが⑥となり、図3のように決まります。

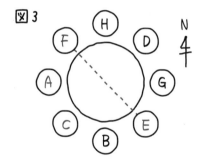

図3

N

　よって、Cがいるのは南西で、選択肢1が正解です。

No.4

　A～Hの8人が4人乗り自動車2台でスキー場に行った。8人の内訳は、男4人、女4人であり、また、スキーヤー3人、スノーボーダー5人となっている。次のことが分かっているとき、確実にいえるのはどれか。

56

○　運転免許保有者は 4 人で、図のように、行きはAとE、帰りはBとFが運転した。

○　行き帰りとも助手席には運転免許保有者が座った。

○　行き帰りとも車内の座席は男女が隣どうしとなるように座った。

○　Fは女性のスキーヤーで、他の女性はスノーボーダーだった。

○　Aは男性でスキーヤーだった。

○　DとGはスノーボーダーで、行きも帰りも隣どうしとなった。

○　Fが運転した車に乗った者は、自身を除くと全員スノーボーダーだった。

（行　き）

助手席	運転席	助手席	運転席
	A		E

（帰　り）

助手席	運転席	助手席	運転席
	B		F

1　B、Cは帰りの車が一緒だった。

2　Cはスキーヤーである。

3　D、F、Gは行き帰りとも同じ車に乗った。

4　EとHが同じ車に乗ることはなかった。

5　Hは男性である。

国家一般職　2012 年度

この問題は　複数の項目の位置関係を推理する問題です。

解くための下ごしらえ

　図の中に、A〜Hの8人、男女、スキーorスノボのそれぞれを記入する場所を決めて、わかるところから書き入れていきます。

　問題の図をそのまま利用してもいいですが、使いにくいようなら、図を描き直したほうがいいかもしれません。

目のつけ所

　条件はけっこう複雑ですから、わかるところから記入して、使い終わった条件は消していくといいでしょう。確定しない部分があっても、わかったところまでで選択肢を確認してみてください。

解説　　正解は **1**

　まず、3、4、5、7番目の条件を図に記入します（図1）。

図1　（行き）

助手席	運転席		助手席	運転席
女	A　男 スキー			E

（帰り）

助手席	運転席		助手席	運転席
	B		男 スノボ	F　女 スキー
			スノボ	スノボ

　1、2番目の条件より、運転免許を持っているのはA、B、E、Fの4人で、行きはBとF、帰りはAとEが助手席に座ったことになります。

　そうすると、帰りにFが運転した車には、AとEのいずれかが助手席に座ったわけですが、5、7番目の条件より、Aはスキーヤーなので、Eとわかります。

　これより、帰りにＢが運転した車の助手席にはＡが座ったことになり、ＡとＥは男性、ＢとＦは女性となります。

　また、免許を持っていないＣ、Ｄ、Ｇ、Ｈの４人は行きも帰りも後部座席に座ったことになり、６番目の条件より、（Ｄ，Ｇ）と（Ｃ，Ｈ）の組合せで行きも帰りも隣どうしとわかります。

　さらに、４番目の条件より、女性４人のうち３人がスノーボーダーですから、男性でスノーボーダーは２人となり、その２人は、帰りはＦが運転した車に乗っていたことがわかります。

　これより、帰りにＢが運転した車に乗っていた男性２人はスキーヤーですから、６番目の条件より、（Ｄ，Ｇ）はＦが運転した車に、（Ｃ，Ｈ）はＢが運転した車に乗っていたとわかり、図２のようになります。

図2

（行き）

助手席	運転席		助手席	運転席
女 スキー	A 男			E

（帰り）

助手席	運転席		助手席	運転席
A 男 スキー	B 女		E 男 スノボ	F 女 スキー
C	H		D スノボ	G スノボ

　ここで選択肢を検討すると、正解は選択肢１とわかります。

No5

　次の図のような十字型の道路に面してA〜Jの10軒の家が並んでいる。今、次のア〜エのことが分かっているとき、Aの家の位置として有り得るのはどれか。ただし、各家の玄関は道路に面して1つであり、図では東西南北の方向は示されていない。

　ア　Aの家の道路をはさんだ正面の家の東隣にBの家がある。
　イ　Aの家の玄関は南を向いている。
　ウ　Cの家は、Eの家の北隣にあり、玄関は西を向いている。
　エ　Dの家は、Eの家の道路をはさんだ正面にあり、玄関は北を向いている。

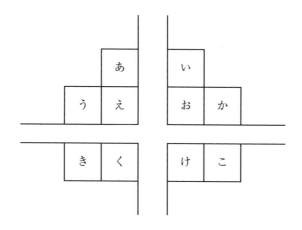

1 あ　　**2** い　　**3** か　　**4** き　　**5** こ

特別区Ⅰ類　2018年度

この問題は **方向を考慮して配置を考える問題です。**

60

解くための下ごしらえ

　見やすくブロック化できそうなのは条件ウくらいですね。とりあえず、上を北として、玄関のある面を太線で示して図にしておきましょう。

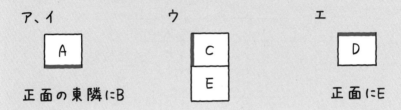

 目のつけ所

　与えられた図には方向が示されていませんので、四方向それぞれについて、条件を満たすA〜Eの家を確認する必要があります。さらに、複数の可能性があるとけっこう面倒ですね。

　しかし、求めるのは「Aの家として有り得るの」であり、選択肢は10軒の中の5軒です。

　そうすると、選択肢のそれぞれにAに家を当てはめてみたほうが早そうですね。

 正解は**2**

　選択肢から検討します。

選択肢1　Aが「あ」の場合、Aの玄関は南を向いていますので、与えられた図の右方向が南になります。上を北とした向きにすると、図1のようになりますね。しかし、この場合、Aの道路をはさんだ正面は「い」だけで、その東隣のBに当たる家がありません。これより、Aの「あ」はあり得ません。

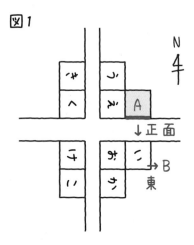

図1

選択肢2　Aが「い」の場合、与えられた図の**左方向が南**になりますので、上を北とすると、図2のようになります。このとき、**Bは「え」**になりますね。また、条件ウ、エを満たすC、D、Eは図の位置になり、成立します。よって、Aの「い」はあり得ます。

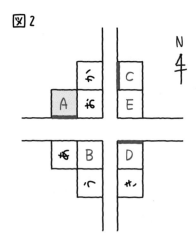

図2

選択肢3　Aが「か」の場合、与えられた図の下方向が南になりますが、図3のように、**Bに当たる家がなく**、あり得ません。

選択肢4　Aが「き」の場合、与えられた図の上方向が南になり、上を北にすると図4のようになりますが、やはり、Bに当たる家がなく、あり得ません。

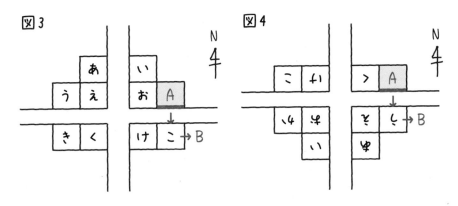

図3　　　　　　　　　　　　図4

選択肢5　Aが「こ」の場合、上方向が南になりますので、上を北とすると図5のようになり、Bは「お」になります。そうすると、条件ウを満たす（C，E）は（え，あ）になり、条件エより、Dは「い」になりますが、このときDの玄関は北にはならず、成立しません。よって、Aの「こ」もあり得ません。

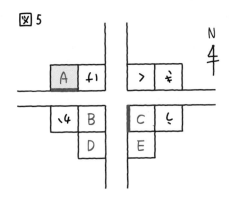

図5

№6

平面図上にA〜Fの異なる6つの地点がある。次のア〜エのことがわかっているとき、確実にいえることとして、最も妥当なのはどれか。

ア　AはB、C、D、Eからの距離が等しい。
イ　BはA、C、D、Fからの距離が等しい。
ウ　CはA、B、E、Fからの距離が等しい。
エ　DはCから真南の方向にある。

1　AはFからちょうど南南西の方向にある。
2　BはDからちょうど東北東の方向にある。
3　CはFから真東の方向にある。
4　DとEの距離はAとFの距離と等しい。
5　EとFの距離はAとBの距離の2倍である。

東京消防庁Ⅰ類　2018年度

 この問題は　**方角を含む位置関係の問題で、地図を描いて推理します。**

 ## 解くための下ごしらえ

とりあえず、条件を次のように整理しますが、特に書き直す必要はないでしょう。

ア　Aから等しい距離→B、C、D、E
イ　Bから等しい距離→A、C、D、F
ウ　Cから等しい距離→A、B、E、F
エ　D→Cの真南

目のつけ所

　たとえば、条件アは、Aが、B、C、D、Eから等しい距離にあると書かれていますが、これは、「下ごしらえ」で書き直したように、Aから見て等しい距離にB、C、D、Eがあるということと同じです。
　ある1地点から等しい距離にある点の集合は、その1点を中心とする円になります。これをもとに、図を描いて考えてみましょう。

解説　　　正解は **5**

　図1のように、Aを中心とした円を描きます（以下「円A」とします）。条件アより、AからB、C、D、Eまでの距離をこの円の半径とすると、B、C、D、Eはいずれもこの円Aの円周上にあることになります。

図1

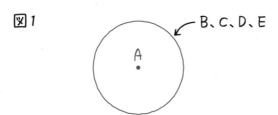
B、C、D、E
A

　次に、図2のように、円Aの適当な位置にBをとり、Bを中心とした円を、Aを通るように描きます（以下「円B」とします）。条件イより、Aの他にC、D、Fもこの円Bの円周上にあることになります。

図2

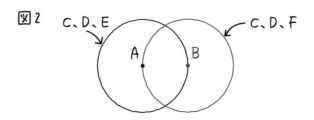
C、D、E　　　C、D、F
A　　B

そうすると、CとDは、円A、円Bの両方の円周上にあるわけですから、2つの円の交点とわかります。

　さらに、条件エより、CとDは南北に並びますので、図3のように、上を北の方向とすると、CとDの位置が図のようにわかります。このとき、AとBも東西に並ぶのがわかりますが、どちらか東で、どちらが西かは特定しませんので、図の左右が反転した図も成立します。

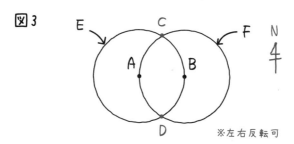

図3

※左右反転可

　最後に、図4のように、Cを中心とした円を、A、Bを通るように描きます（以下「円C」とします）。条件ウより、EとFも円Cの円周上にありますので、図のようになります。

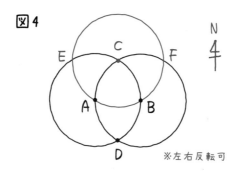

図4

※左右反転可

　これより、選択肢を確認します。

　まず、選択肢1～3については、図4の東西が定まらないので、判断することはできませんね。

　また、選択肢4については、図5のようにA～Fを結ぶと、DEとAFの長さが異なるのがわかります。

　さらに、選択肢5については、図5から、ABは円の半径、EFは直径で、EFはABの2倍の長さと確認できます。

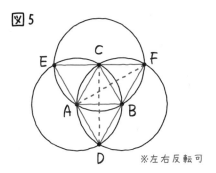

図 5

※左右反転可

よって、選択肢 5 が正解です。

ある町にお化け煙突とよばれる同じ形、同じ大きさの煙突X、Y、Zがあり、次のア〜エのことが分かっている。

ア　Xから2,300mの場所に都電の停留場Aがある。
イ　Aからは3本の煙突のうち2本が重なっているため、XとZしか見えない。
ウ　Xから真北200mの場所にYがある。
エ　Xから真東60mの場所にZがある。

Aから真東に一直線の軌道上を都電が走り出し、3本の煙突が再び2本しか見えない地点として、正しいのはどれか。ただし、都電と3本の煙突を遮るものはない。

1　Aから真東に510mの地点
2　Aから真東に630mの地点
3　Aから真東に750mの地点
4　Aから真東に870mの地点
5　Aから真東に990mの地点

東京都Ⅰ類A　2013年度

この問題は　**本問も、方角を含む位置関係の問題で、地図を描いて推理します。**

🌱 解くための下ごしらえ

北を上にとって地図を描きます。まず、条件ウ、エから、X、Y、Zの位置関係がわかりますね。あとは、これにつなげて描けばいいでしょう。

68

目のつけ所

　本問も、距離（長さ）の条件が与えられています。図をなるべく正確に描いてみましょう。ここでは、**相似な図形**が見えてくると思いますよ。

正解は **3**

　条件ウ、エより、X、Y、Zの位置関係は図1のようになります。

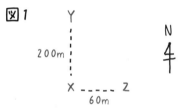

　そうすると、条件イより、**XとZしか見えない**停留所Aは、図2のP、Qのいずれかのような位置となります。

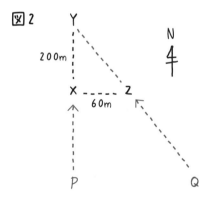

　しかし、図2のQのような位置に停留所Aがある場合、ここから真東で**再び煙突が2本しか見えなくなる地点はありません**ので、停留所AはPのような位置にあり、**求める地点がQのような位置**とわかります。

ここで、求める地点をQとし、図3のように、AとQの位置を定めて、各地点を結んで三角形を描くと、△YXZ∽△YAQとなり、YX：YA＝200：(200＋2300)＝2：25となりますので、XZ：AQ＝2：25より、AQ＝60×$\frac{25}{2}$＝750となります。

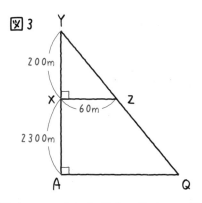

　よって、求める地点Qは、**Aから真東に750mの地点**となり、選択肢3が正解です。

第4章

試　合

No 1

　A～Eの５チームが１試合ずつのバスケットボールの総当たり戦を行った。最終結果について、次のことが分かったとき、確実に言えるのはどれか。

　ア　引き分けの試合は無く、すべてのチームの勝ち数は異なっていた。
　イ　AはBに勝ったが、Cよりも勝ち数は少なかった。
　ウ　BはDに勝った。
　エ　EはCに勝った。

1　Aは２勝２敗だった。
2　BはEに勝った。
3　CはDに負けた。
4　DはAに勝った。
5　Eは３勝１敗だった。

警視庁Ⅰ類　2013年度

 この問題は　**リーグ戦の勝敗などを推理する問題です。**

 解くための下ごしらえ

　A～Eで勝敗表を作成します。

	A	B	C	D	E
A					
B					
C					
D					
E					

目のつけ所

　リーグ戦の勝敗などは、勝敗表に整理します。本問では、**条件アに着目**ですね。5チームはいずれも4試合行います。これで、すべてのチームの**勝ち数が異なる**とはどういうことでしょうか？

 **解説**　　　正解は **1**　　　

　A～Eで勝敗表を作成し、条件イ～エを記入します（表1）。

表1

	A	B	C	D	E
A		○			
B	×			○	
C					×
D		×			
E			○		

　条件アより、5チームの勝ち数は、**4勝～0勝が各1チーム**となりますので、まず、4勝（全勝）のチームを考えると、表1において、B、C、Dはすでに×が入っており、条件イより、Aではないので、残る**Eが4勝0敗**とわかり、表に記入します。

　次に、0勝（全敗）のチームを考えると、A、Bはすでに○が入っており、条件イより、Cではないので、残る**Dが0勝4敗**とわかり、表に記入します（表2）。

表2

	A	B	C	D	E
A		○		○	×
B	×			○	×
C				○	×
D	×	×	×		×
E	○	○	○	○	

　残るA～Cは、3勝、2勝、1勝のいずれかですが、表2において、A にはすでに○が2つ入っていますので、2勝以上ですが、条件イより、A ＜Cですから、Cが3勝1敗、Aが2勝2敗、残るBが1勝2敗とわかり ます。

　これより、CはA、Bに勝っており、表3のようになります。

表3

	A	B	C	D	E
A		○	×	○	×
B	×		×	○	×
C	○	○		○	×
D	×	×	×		×
E	○	○	○	○	

よって、選択肢1が正解です。

No.2

　A～Fの6人で卓球のリーグ戦を行った。1試合ごとに勝った 者には2点、引き分けた者には1点、負けた者には0点の勝ち点 が与えられた。試合の結果と成績について、次のア～オのことが わかっているとき、確実にいえることとして、最も妥当なのはど

れか。

　ア　引き分けが全部で 2 試合あり、各人は少なくとも 1 試合は
　　　勝った。
　イ　A の成績は 1 勝 4 敗であった。
　ウ　B は全勝した。
　エ　C は D と引き分けて、成績は 2 勝 2 敗 1 引き分けだった。
　オ　F は D に負け、成績は 3 勝 2 敗であった。

1　A は E に勝った。
2　C は E に負けた。
3　D は A に負けた。
4　D の勝ち点は 3 点だった。
5　E の勝ち点は 4 点だった。

東京消防庁 Ⅱ 類　2017 年度

 この問題は　本問も、リーグ戦の勝敗を推理する問題です。

 解くための下ごしらえ

　A ～ F で勝敗表を作成します。各チームの勝敗数の条件も多いので、こ
れを記入する欄も設けておきましょう。

	A	B	C	D	E	F	勝	敗	分
A									
B									
C									
D									
E									
F									

目のつけ所

　条件を一通り記入するだけでも表はかなり埋まります。そのうえで、条件アの引き分けの2試合はどの試合か考えてみてください。

　　　正解は **3**　　　

　A～Fで勝敗表を作成し、条件イ～オを記入します（表1）。

表1

	A	B	C	D	E	F	勝	敗	分
A		×					1	4	0
B	○		○	○	○	○	5	0	0
C		×		△			2	2	1
D		×	△			○			
E		×							
F		×		×			3	2	0

　表1より、Fの2敗の相手はB、Dですから、A、C、Eには勝っているとわかります。

　また、条件アより、引き分けがCD戦の他にもう1試合ありますが、表1より、D、E以外は引き分け数が確定していますので、**残る引き分けの試合はDE戦**とわかります（表2）。

表2

	A	B	C	D	E	F	勝	敗	分
A		×				×	1	4	0
B	○		○	○	○	○	5	0	0
C		×		△		×	2	2	1
D		×	△		△	○			2
E		×		△		×			1
F	○	×	○	×	○		3	2	0

　表2より、Cの2勝の相手はA、Eとわかります。

　そうすると、条件アより、Eも1勝はしていますが、A以外には勝っていませんので、EはAに勝ち、1勝3敗1引き分けとなります。

　これより、AはD以外に負けていますので、1勝の相手はDと分かり、DはAに負けて1勝2敗2引き分けとなります（表3）。

表3

	A	B	C	D	E	F	勝	敗	分
A		×	×	○	×	×	1	4	0
B	○		○	○	○	○	5	0	0
C	○	×		△	○	×	2	2	1
D	×	×	△		△	○	1	2	2
E	○	×	×	△		×	1	3	1
F	○	×	○	×	○		3	2	0

　表3より、選択肢3が正解です。

A〜Dの4人が赤色、青色、白色、黒色のいずれかのゼッケンをつけて、腕相撲の総当り戦を行った。次のア〜エのことがわかっているとき、確実にいえることとして、最も妥当なのはどれか。ただし、A〜Dのゼッケンの色はすべて異なるものとする。

ア　Aは3勝した。
イ　Bは赤色のゼッケンをつけている選手に勝ったが、白色のゼッケンをつけている選手に負けた。
ウ　黒色のゼッケンをつけている選手は、Cに負けた。
エ　白色のゼッケンをつけている選手は、青色のゼッケンをつけている選手に負けた。

1　赤色のゼッケンをつけている選手は、白色のゼッケンをつけている選手に勝った。
2　CはDに勝った。
3　3敗した選手がいた。
4　Cは青色のゼッケンをつけている。
5　Dは赤色のゼッケンをつけている。

東京消防庁Ⅰ類　2018年度

この問題は　リーグ戦の推理ですが、複数の項目がかかわる問題になります。

 解くための下ごしらえ

とりあえず、A〜Dで勝敗表を作成しましょう。ゼッケンの色がわかったら、A〜Dの横に記入できるよう、スペースを空けておくといいですね。

	A	B	C	D
A				
B				
C				
D				

目のつけ所

　A〜Dとゼッケンの色という2項目で条件が与えられていますが、人数は少ないのでそれほど複雑ではありません。まず、条件アより、Aは誰にも負けていませんね。そうすると、条件イ〜エから、まず、Aのゼッケンの色がわかりますね。

　　　正解は **5**　　　

　A〜Dで勝敗表を作成し、条件アを記入します。

　条件アより、Aは3勝＝全勝ですが、条件イ〜エより、赤、黒、白のゼッケンの選手はいずれも誰かに負けていますので、Aのゼッケンは残る青とわかり、表1のようになります。

表1

	A 青	B	C	D
A 青		○	○	○
B	×			
C	×			
D	×			

　また、条件イより、Bのゼッケンは赤でも白でもないので黒に決まり、条件ウより、BはCに負けたとわかります。

そうすると、条件イより、白のゼッケンがC、残る赤のゼッケンがDとなり、BはDに勝ったとわかり、表2のようになります。

表2

	A 青	B 黒	C 白	D 赤
A 青		○	○	○
B 黒	×		×	○
C 白	×	○		
D 赤	×	×		

残るCD戦の結果は特定しませんが、表2より、選択肢5が正解です。

No.4

A～Hの8チームで、下の図のようなサッカーのトーナメント戦を行った。次のア～ウのことがわかっているとき、確実にいえるのはどれか。

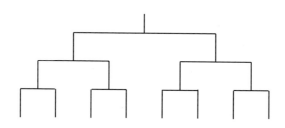

ア　BはFに負けた。
イ　CはAに勝ち、Gに負けた。
ウ　EはCに負けた。

1　AはDに勝った。
2　Bは2回戦で負けた。
3　DはEに負けた。
4　Eは1回戦で負けた。
5　FはGに負けた。

この問題は　　トーナメント戦の勝敗を推理する問題です。

解くための下ごしらえ

　与えられたトーナメント図にA〜Hを記入していけばいいですね。
特に、下ごしらえは必要ありません。

目のつけ所

　トーナメント戦は、リーグ戦と違って、1回負けたら終わりです。なので、
何回も試合をしているチームは結構強いチームとなります。条件イ、ウの
Cに着目して見てください。

 正解は **5**　

　条件イ、ウより、CはA、G、Eとそれぞれ対戦し、3試合しています
ので、決勝戦に進出しています。すなわち、決勝戦でGに負けて準優勝と
なり、Gが優勝したことがわかります。
　これより、図1のように、C、A、G、Eの位置を決めます。

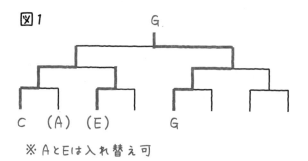

図1

※ AとEは入れ替え可

　そうすると、条件アより、**BF戦は図1の1回戦のうち一番右の組合せ**に決まり、残る2か所がDとHとなり、図2のようになります。

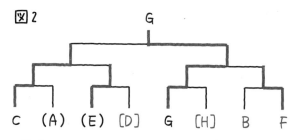

図2

※ AとE、DとHはそれぞれ入れ替え可

　これより、選択肢5が正解です。

No.5

　　A～Hの8チームが、下の図のようなサッカーのトーナメント戦を行った。次のア～エのことがわかっているとき、確実にいえることとして、最も妥当なのはどれか。

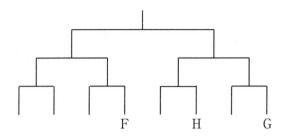

ア　Aは2回戦で敗退した。
イ　BはEに勝ったが決勝には進出できなかった。
ウ　DとGは対戦しなかった。
エ　Gは2勝以上した。

1　CはGと対戦した。
2　DはFに勝った。
3　Gが優勝した。
4　GはHに勝った。
5　HはAに勝った。

東京消防庁Ⅰ類　2017年度

この問題は　本問も、トーナメント戦の勝敗を推理する問題です。

　解くための下ごしらえ

　本問も与えられた図に記入していけそうですね。下ごしらえは必要ないでしょう。

目のつけ所

本問は、F、G、Hが既に記入されていますので、これに合わせて図を完成させることになります。

条件を見ると、2回戦に進んだチームの情報が豊富にありますね。まずは、条件イがわかりやすいでしょう。

 正解は **1**

図1のように、F、G、H以外の5チームを①～⑤とします。

条件イより、Bは決勝に進出していませんので、Eに勝ったのは1回戦となり、BE戦は図の①と②の対戦とわかります。

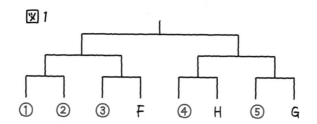

図1

① ② ③ F ④ H ⑤ G

そうすると、Bは左側のブロックで2回戦敗退ですから、条件アより、Aは右側のブロックで2回戦敗退したことになりますが、条件エより、右側のブロックから決勝に進出したのはGですから、Aは④とわかります。

これより、残る③と⑤がCとDですが、条件ウより、Dは⑤ではありませんので③に、残るCが⑤となり、DはGと対戦していませんので、DF戦はFが勝って決勝に進出し、図2のようになります。

図2

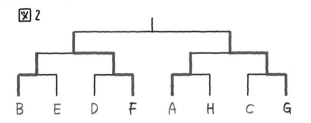

B　E　D　F　A　H　C　G

　残る決勝戦の勝敗は不明ですが、ここから選択肢を検討すると、選択肢
1が正解となります。

A～Jの10人は、将棋のトーナメント戦を行った。トーナメントの形式は図のとおりであり、空欄にはG～Jのいずれかが入る。次のことが分かっているとき、確実にいえるのはどれか。

　　○　ちょうど2勝したのは3人であった。
　　○　BとIは準決勝で対戦し、その勝者は優勝した。
　　○　Fは、EともJとも対戦しなかった。
　　○　GとHはそれぞれ1試合目で負けたが、Hはその試合で勝っていたら次は準決勝であった。

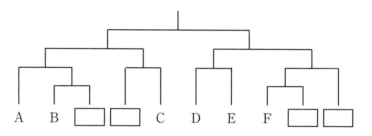

1　ちょうど1勝したのは1人であった。
2　GはCに負けた。
3　Fは準優勝であった。
4　IはDと対戦した。
5　Jは1試合目で勝った。

国家一般職　2020年度

この問題は　**本問も、トーナメント戦の勝敗を推理する問題です。**

🌱　解くための下ごしらえ

　本問も与えられた図に記入していけそうですね。下ごしらえは必要ないでしょう。

目のつけ所

条件より、空欄は割と簡単にわかります。

問題は、最初の条件の「2勝した3人」ですね。左ブロックの準決勝に進んだ2人の勝数を考えてみましょう。

 正解は **4**

図1のように、空欄をア〜エとします。

図1

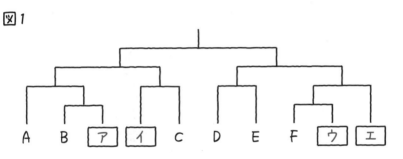

まず、2番目の条件より、Bは準決勝に進んでおり、その相手はイかCですから、イがIとわかります。ここから、A、ア、Cは1試合目で敗退となり、BとIの勝った方は決勝戦も勝っていますので、この2人の勝数を調べると次のようになります。

B	準決勝で勝った場合→4勝	負けた場合→2勝
I	準決勝で勝った場合→3勝	負けた場合→1勝

これより、1番目の条件について、左のブロックで2勝の可能性があるのはBのみとわかりますね。

次に、4番目の条件について、Hはア、ウ、エのいずれかですが、1試合目の次が準決勝なのはエだけですから、**エがH**とわかります。残るアとウは、GとJのいずれかですが、3番目の条件より、ウはJではありませんので、**アがJ、ウがG**とわかります。

　そうすると、4番目の条件より、GとHは1試合目で敗退ですから、Fが準決勝に進んでおり、3番目の条件より、Fの準決勝の相手はEではなくDに決まり、ここまでで図2のようになります。

図2

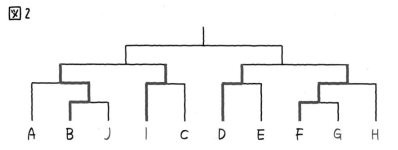

　これより、右のブロックで2勝の可能性があるのはDとFだけですから、1番目の条件より、B、D、Fの3人がちょうど2勝とわかり、BI戦の勝者はI、DF戦の勝者はD、決勝戦の勝者はIとなります（図3）。

図3

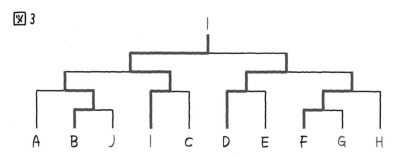

　以上より、選択肢4が正解です。

No.7

　　A、Bのホッケーチームが、1人ずつ交互にボールを打ち込んでゴールに入った得点を競うゲームを行った。ルールは、1回ゴールに入ると1点、外れると0点とし、5人ずつ打って多く得点を挙げたチームを勝ちとする。また、両チームとも5人目が打った段階で、得点が同じで勝敗がつかない場合は延長戦を行い、勝敗がつくまで1人ずつ交互に打ち続ける。その結果について、次のア〜オのことが分かっているとき、確実にいえるのはどれか。

　　ア　Aチームの2人目は、得点を入れた。
　　イ　Aチームは、全部で3人が得点を入れた。
　　ウ　Aチームが2人続けて得点を入れることができなかったのは、1回だけであった。
　　エ　両チームとも、4人目は得点を入れた。
　　オ　両チームとも、2人続けて得点を入れたことはなかった。

1　Aチームが、2点差で勝った。
2　Bチームが、1点差で勝った。
3　Bチームの7人目は、得点を入れることができなかった。
4　両チームとも、2人目は得点を入れた。
5　8人目で勝敗がついた。

特別区 I 類　2019 年度

この問題は　試合の問題ですが、少し変わったタイプです。

解くための下ごしらえ

　両チームの得点を入れた（○）、入れることができなかった（×）を記入する表を作成します。延長戦があるかもしれませんので、8人目位まで用意しておきましょうか。

1人目	2人目	3人目	4人目	5人目	6人目	7人目	8人目

 目のつけ所

　条件より、Aチームの5人目までの結果は割と簡単にわかります。そうすると、延長戦まで考える必要があると予想できますね。あらゆる可能性を考えながら推理していきましょう。

 　　　正解は 3

　条件ア、エより、Aの2、4人目、Bの4人目に○を記入します。また、条件オより、○の前後には×を記入します。
　条件イより、Aは6人目以降にもう1人○が入りますので、5人目までで勝敗がつかなかったとがわかりますね。これより、Bも5人目までで2人が○とわかり、1人目または2人目のいずれかが○で、ここまでを表1のように記入します。

表1

1人目	2人目	3人目	4人目	5人目	6人目	7人目	8人目
×	○	×	○	×			
（○と×）	×	○	×				

　これより、Aのもう1人の〇が何人目かで場合分けをします。

（1）Aの6人目が〇の場合
　条件ウより、Aは2人連続で×ということが1回だけあったわけで、それは7、8人目となります。Aの〇は6人目で終わりなので、**8人目で勝負がついたことになりますね。**
　そして、8人目まで行ったということは、6人目、7人目では勝負がつかなかったということですから、**Bの6人目も〇で、7人目は×**、さらに8人目は〇で、Bの勝利となります（表2）。

表2

1人目	2人目	3人目	4人目	5人目	6人目	7人目	8人目
×	〇	×	〇	×	〇	×	×
(〇と×)	×	〇	×	〇	×	〇	

（2）Aの7人目が〇の場合
　A、Bとも6人目は×で、Aの2人連続×（条件ウ）は5、6人目となります。
　ここで、Bの7人目が×なら、Aの勝利となります（表3）。

表3

1人目	2人目	3人目	4人目	5人目	6人目	7人目	8人目
×	〇	×	〇	×	×	〇	
(〇と×)	×	〇	×	×	×		

　また、Bの7人目が〇の場合、さらに延長線となりますが、条件オより、8人目はA、Bとも×になります（表4）。
　そうすると、9人目まで必要になりますが、条件イ、ウより、**Aの9人目には〇も×も入りませんので、**この場合は成立しません。

表4

1人目	2人目	3人目	4人目	5人目	6人目	7人目	8人目
×	〇	×	〇	×	×	〇	×
（〇と×）		×	〇	×	×	〇	×

　また、Aの2人連続×は1回だけですので、5、6、7人目がいずれも×ということはなく、Aの〇が8人目以降の場合はあり得ません。

　よって、表2、3の2通りが成立し、確実にいえるのは選択肢3となります。

第5章
図形の分割と構成

下図の中にある三角形の数として、正しいのはどれか。

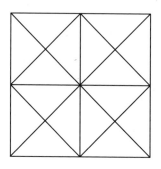

1 32　　**2** 36　　**3** 40　　**4** 44　　**5** 48

東京都Ⅰ類Ａ　2011年度

この問題は　図形の個数を数える問題です。

解くための下ごしらえ

　やみくもに数えてはいけませんね。基準を決めて取り掛かりましょう。一般的には小さい三角形から数えるといいですね。

目のつけ所

　最小の三角形を確認したら、あとはそれをいくつか組み合わせてできる三角形を数えていきましょう。同じ構成の部分には同じ数だけの三角形があります。重複や数え漏れのないよう効率よく数えましょう。

正解は **4**

三角形を小さいほうから順に数えていきます。
まず、最小の三角形は、図1の①の大きさで、図中に16個あります。

図1

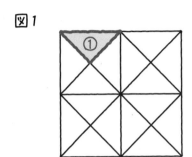

次に、①を2個合わせた図2の②の大きさの三角形は、図3のように、全体の4分の1の区画の中に4個ありますので、全部で4×4＝16（個）あります。

図2

図3

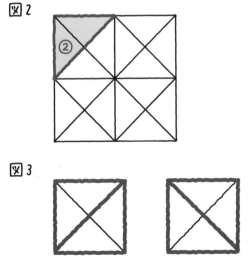

さらに、①を4個合わせた図4の③の大きさの三角形は、図4の4個と、図5の4個で、合わせて8個あります。

図 4

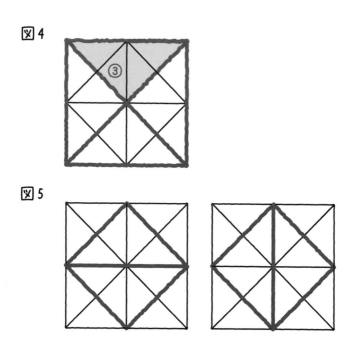

図 5

最後に、①を8個合わせた図6の④の大きさの三角形は、図6のように4個あります。

図 6

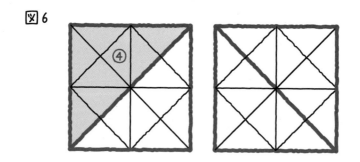

以上より、三角形の数は、16＋16＋8＋4＝44（個）となり、選択肢4が正解です。

No2

　図Ⅰに示すA～Eの図形は、一辺がaの正方形を組み合わせたものである。これら5つの図形のうち、3つの図形をすき間なく、かつ、重ねることなく並べて、図Ⅱに示す長辺7a、短辺5aの長方形における斜線部分をすべて埋めるとき、**必要でない**図形の組合せとして、正しいのはどれか。

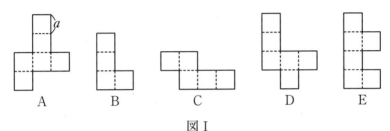

図Ⅰ

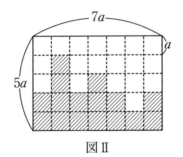

図Ⅱ

1　A、B　　**2**　A、E　　**3**　B、D

4　C、D　　**5**　C、E

東京都Ⅰ類B　2011年度

この問題は　図形を組み合わせる、典型的なパズル問題です。

解くための下ごしらえ

斜線部分の面積を数えると、正方形16個分で$16a^2$ですね。

また、A〜Eの面積を確認すると、次のようになります。

　A→$6a^2$　B→$4a^2$　C→$5a^2$　D→$6a^2$　E→$6a^2$　合計→$27a^2$

これより、必要でない図形の面積は、$27a^2-16a^2=11a^2$とわかりますね。

目のつけ所

「下ごしらえ」で計算したように、必要でない図形の面積は合わせて$11a^2$、つまり、正方形11個分です。ここから、どの組合せか絞られますね。

本問のように、与えられたピース（A〜E）の面積が異なる場合は、このように、面積の計算である程度絞られます。必ず確認するようにしましょう。

正解は **5**

必要でない図形の面積の合計は$11a^2$ですから、面積$5a^2$のCと面積$6a^2$のA、D、Eのいずれかの組合せとわかり、ここで**選択肢4、5に絞られ**ます。

これより、必要な3つの図形は、A、Bと、DまたはEとなりますので、これらで斜線部分を埋めること考えます。

まず、面積の大きいA、D、Eを優先的に並べることと、図1の★の部分の埋め方を最初に考えます。★の部分を埋められるのは、A、B、Dのいずれかですが、Dの場合、図2のように左下にすき間ができ、これを埋める図形はありませんので、まず、図3のように、Aを並べてみます。

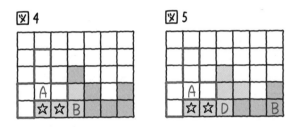

次に、図3の☆の部分を埋める図形を考えると、Bを並べた場合、図4のように、残る部分を埋める図形はありませんので、図5のように、Dを並べると、残る部分にちょうどBを並べることができ、長方形が完成します。

よって、必要な図形はA、B、Dで、**必要でないのはC、E**とわかり、選択肢5が正解です。

No 3

　下の図のように、透明な板に5×5のマス目をつけ、その一部を黒く塗り、A、B 2種類の板を作った。この2枚をぴったりと重ね合わせてできる図形として、最も妥当なのはどれか。ただし、どちらの板も裏返したり、回転させてもかまわないものとする。

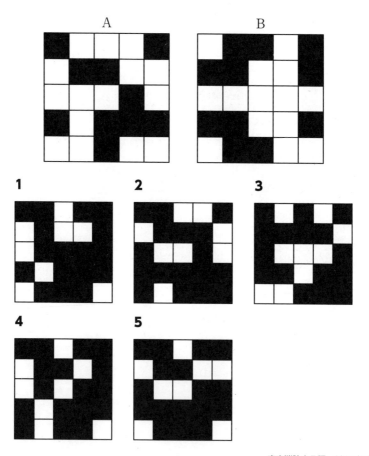

東京消防庁Ⅱ類　2017年度

この問題は　**図形を重ねてできる図形の構成を考える問題です。**

100

解くための下ごしらえ

　特に下ごしらえは必要ありませんが、裏返し、回転ともOKであること
は確認しておきましょう。

目のつけ所

　AとBの片方を固定して、もう片方を裏返しや回転させて重ねた図形を
考えると、裏返しで２通り、さらに回転で４通りですから、８通りの図形
ができますね。もちろん、そんなの描いてはいられませんので、ここは消
去法で行きます。
　わかりやすいところに着目しましょう。まずは真ん中、そして４隅、あ
とはその時の状況次第ですね。

正解は **5**

　回転、裏返しのいずれを行っても、判断しやすい部分に着目して選択肢
を絞っていきます。
　まず、中央の部分（図１のＰ）を確認すると、Ａ、Ｂいずれも透明なま
まなので、重ねたときにここが黒くなることはありません。これより、こ
の部分が黒くなっている選択肢１が消去できます。
　次に、四隅の部分（図１のＱ）を確認すると、Ａは２か所、Ｂは１か所
のみが黒くなっていますので、これらを重ねたとき、黒くなるのは最大で
３か所です。これより、四隅がすべて黒くなっている選択肢２が消去でき
ます。
　さらに、中央Ｐの周りの４か所（図１のＲ）を確認すると、Ａでは３か
所が黒くなっていますが、Ｂではいずれも透明なままですので、重ねたと
きに黒くなるのは３か所です。これより、この部分が１か所しか黒くなっ
ていない選択肢３と、４か所すべてが黒くなっている選択肢４が消去でき、

残る選択肢5が正解となります。

図1

Q				Q
		R		
	R	P	R	
		R		
Q				Q

　選択肢5については、Aに、Bを反時計回りに90°回転させた図を重ねると、図2のように確認できます。

図2

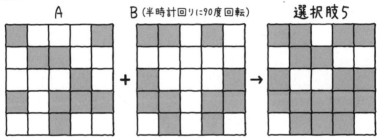

A　　　　　　B（半時計回りに90度回転）　　　選択肢5

「Ａ０」から始まるＡ版のサイズの用紙は、全て、短辺：長辺が$1:\sqrt{2}$の長方形であり、「Ａ０」サイズの用紙の長辺の方を半分に折ると「Ａ１」になり、同様に「Ａ１」を半分に折ると「Ａ２」となり、数字が一つ増すごとにその半分の寸法になる。

　この関係を示すと図Ⅰのとおりである。

　いま、赤、黄、緑、青の各色の「Ａ０」サイズの用紙が１枚ずつあり、この４枚をそれぞれ、図Ⅰのように「Ａ１」、「Ａ２」、「Ａ３」各１枚と「Ａ４」２枚の計５枚の用紙に切った。これを図Ⅱのように、「Ａ０」用紙４枚分に相当する台紙の上に配置することとし、まず赤の５枚の用紙（網掛け部分）を配置した。さらに、四隅については、赤の「Ａ２」以外に、黄の「Ａ１」、緑の「Ａ３」、青の「Ａ４」を配置した。

図Ⅰ

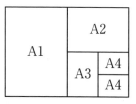

図Ⅱ

A3緑　　ア　　　　　　　　A4青
　　　A4　　　イ　　　　　A4
　　　　　　　　　　　　　ウ
A3　　　　A1　　　　　　A1黄
　　　　　　　　エ
A2　　　オ

104

　ここで、残った用紙を全て、次のように配置したとき、図Ⅱの台紙のア～オの場所のうち、**青の用紙**で覆われるもののみを挙げているのはどれか。

　　○　台紙から用紙がはみ出したり、用紙どうしが重ならないようにする。
　　○　同じ色の用紙と辺で接しないようにする。
　　○　5枚の赤の用紙は全て、黄、緑、青のどの色の用紙ともどこかの辺で接するようにする。

1　ア、ウ　　**2**　ア、オ　　**3**　イ、エ
4　イ、オ　　**5**　ウ、エ

国家専門職　2016年度

 この問題は 条件を満たすパズルを探す、少し変わった問題です。

 ## 解くための下ごしらえ

　赤、黄、緑、青の用紙が同じ枚数だけあることと、それぞれの大きさの枚数を確認しておきます。
　A1、A2、A3→各1枚　　A4→2枚
　頭に置くべき条件は、以下の2つですね。
　　同じ色は接しない
　　赤は、他のすべての色と接する

 ## 目のつけ所

　まずは、一番大きいA1の用紙の場所を考えましょう。入れるところは限られていますからね。あとは、条件を満たすように、大きい用紙から順に決めていけば、割と簡単に完成できますよ。

　まず、最も大きい「A1」サイズを配置できる場所を探すと、図1の①と②の2か所のみで、緑と青のいずれかとなりますが、②は青の「A4」と隣り合っていますので、2番目の条件より、②が緑で、①が青とわかります。

　これより、図の③の部分は、赤、緑、青と隣り合うことになり、黄の「A4」となり、また、図の④の部分も2、3番目の条件より、黄の「A4」とわかります。

図1

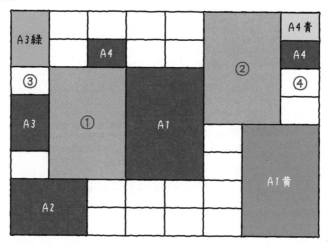

　次に、「A2」サイズを配置できる場所を探すと、図2の⑤〜⑦の3か所となりますので、「A3」サイズを配置できる場所は、図の⑧、⑨の2か所、残る⑩〜⑫は「A4」サイズに決まります。

図2

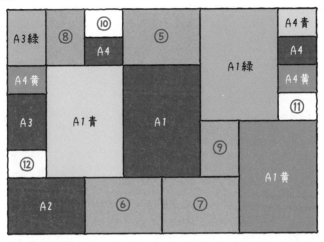

　「A3」サイズの2か所は黄と青のいずれかですが、⑧は青の「A1」と隣り合っていますので、⑧が黄、⑨が青とわかります。

　これより、「A2」サイズの3か所について、⑦は赤、黄、青と隣り合うので緑に、同様にその隣の⑥は黄になり、残る⑤が青とわかり、ここまでで図3のようになります。

図3

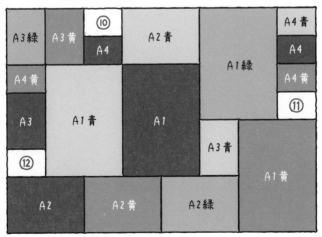

そうすると、⑩は赤、黄、青と隣り合っていますので緑に、⑫も３番目の条件より緑となり、⑪は残る青とわかり、図４のように完成します。

図4

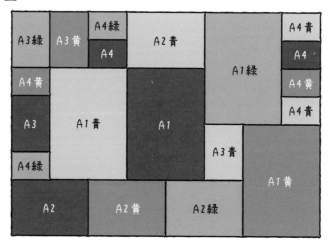

　図４より、ア～オのうち、青の用紙で覆われているのは**イとエ**となり、選択肢３が正解です。

No5

　ある正方形の紙の表裏には、同じ大きさのマス目が描かれている。今、図Ⅰのように1～36の数字を表面に記入した後、図Ⅱのように点線に従って4回折り、斜線部を切り取ったとき、切り取った紙片の数字の和はどれか。

1	2	3	4	5	6
20	21	22	23	24	7
19	32	33	34	25	8
18	31	36	35	26	9
17	30	29	28	27	10
16	15	14	13	12	11

図Ⅰ

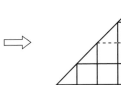

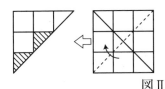

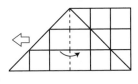

図Ⅱ

1 144　　**2** 154　　**3** 158　　**4** 162　　**5** 166

特別区Ⅰ類　2018年度

この問題は　**折り紙の問題ですが、やや変わっています。**

特に下ごしらえは必要ありませんが、折っていく手順を確認しておきましょう。

 目のつけ所

最後に折り込まれた部分を確認し、そこから遡って広げたときの斜線部分（切り取られた部分）を確認していきます。作業は図Ⅰ（または図Ⅱの初めの図）に直接記入していけばいいでしょう。折り目から線対称の位置は間違えやすいので注意してくださいね。

解説　　正解は **5**

折っていく手順を確認すると、次図1の、ア→イ→ウ→エの順で、最後にオの部分に折り込まれたとわかります。図2のように、斜線部分は13と27の半分とわかりますね。

図1

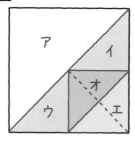

図2

1	2	3	4	5	6
20	21	22	23	24	7
19	32	33	34	25	8
18	31	36	35	26	9
17	30	29	28	27	10
16	15	14	13	12	11

これを広げたときの斜線部分の移る場所を調べて転記していきます。まず、エの部分まで広げたところで、斜線部分は13と27の半分が全部になります（図3）。さらに、ウとイの部分まで広げると、13の部分は14に、27の部分は30と24に半分ずつ移ります（図4）。

　最後に、アの部分に広げると、図5のように、24と30の半分は全部になり、14→18、13→19、27→21と移ります。

図3

1	2	3	4	5	6
20	21	22	23	24	7
19	32	33	34	25	8
18	31	36	35	26	9
17	30	29	28	27	10
16	15	14	13	12	11

図4

1	2	3	4	5	6
20	21	22	23	24	7
19	32	33	34	25	8
18	31	36	35	26	9
17	30	29	28	27	10
16	15	14	13	12	11

図5

1	2	3	4	5	6
20	21	22	23	24	7
19	32	33	34	25	8
18	31	36	35	26	9
17	30	29	28	27	10
16	15	14	13	12	11

　よって、切り取られた紙片は、**13、14、18、19、21、24、27、30**の8個で、その和は**166**となり、選択肢5が正解です。

No.6

　下の図は一筆書きができない図形である。この図形に1本の線を加えて一筆書きができるようにした図形として、最も妥当なのはどれか。

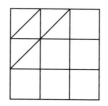

1
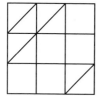

2
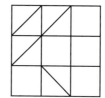

3

4

5
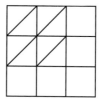

警視庁Ⅰ類　2017年度

 この問題は　一筆書きの問題です。

🌱 解くための下ごしらえ

　1本足して一筆書きができる図形にするわけですね。
　一筆書きができる図形のルールを確認し、各頂点に集まる線の本数を数えましょう。

112

目のつけ所

　一筆書きの問題では、ルールを満たすよう考えるのが鉄則です。
　まず、奇点の数を数え、0個または2個になるにはどうすればいいか考えてみましょう。

 ルール！

一筆書きができる図形
奇点が0個または2個

解説　正解は **1**

　図1のように、与えられた図形の各頂点に集まる線の本数を記入すると、奇点（奇数本の線が集まる点）は、色の付いた4個とわかります。

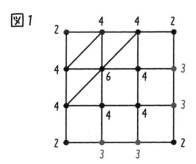

図1

　一筆書きができる図形は、奇点が0個または2個というルールがありますので、この4個の奇点のうちの2個を結ぶ線を1本引けば、その2個は偶点（偶数本の線が集まる点）に変わり、一筆書きができる図形になります。
　これより、4個の奇点のうちの2個を結ぶ線が引かれている図形を探すと、選択肢1がこれを満たし、図2のように奇点が2個の図形になるとわかります。

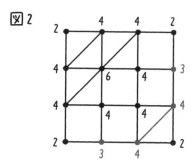

図2

よって、選択肢 1 が正解です。

No**7**

下の図のように、同じ大きさの黒色と白色の小立方体125個で構成された立方体がある。黒色の小立方体の表面が見えている面は反対の面まで一直線に黒色の小立方体が連続して並んでいるとき、黒色の小立方体の個数として、最も妥当なのはどれか。

1 45個
2 47個
3 49個
4 51個
5 53個

東京消防庁Ⅰ類　2015年度

この問題は **積み木の最も典型的な問題です。**

解くための下ごしらえ

　特に下ごしらえは必要ありませんが、求めるのは黒色の小立方体の個数であることを確認しておきます。

 目のつけ所

　積み木の問題は、一段スライスにより平面図を描いて解く問題がほとんどです。
　本問も各段にスライスし、黒色の小立方体の個数を数えますが、まず、1段目は描かなくてもわかりますね。あと、見えている黒色の部分は大変規則的ですから、すべての段を描く必要はありません。たとえば、2段目と4段目は同じになるのがわかるでしょう。

 　　　正解は **4**

　立方体を上から5段にスライスして、黒色の小立方体の個数を数えます。
　上の面で黒色なのは4か所で、これが下まで一直線に並びます。1段目と5段目は、正面や側面に黒色の小立方体はありませんので、この4個のみとわかります。
　また、2段目と4段目は、正面と側面の黒色の位置が同じなので、これと3段目について、上面の4か所をグレーにし、これに加えて正面と側面から一直線に並ぶ黒色の部分に色を付けると、それぞれ次の図のようになります。

2、4段目 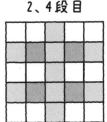　　3段目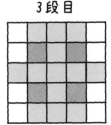

これより、黒色の小立方体の個数を数えると、2、4段目はそれぞれ13個、3段目は17個となり、1〜5段目の合計は、4＋13＋17＋13＋4＝51（個）で、選択肢4が正解です。

No.8

下図のように、一辺の長さaの立方体を36個すき間なく積み重ねて$3a×4a×3a$の直方体をつくり、1つの立方体の頂点Aと他の立方体の辺の中点Bとを直線で結んだとき、直線に貫かれた立方体の数として、正しいのはどれか。

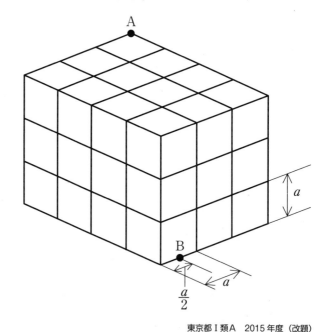

1 6個
2 7個
3 8個
4 9個
5 10個

東京都Ⅰ類A　2015年度（改題）

 この問題は | 本問も積み木の問題ですが、やや応用問題になります。

解くための下ごしらえ

　本問も、特に下ごしらえは必要ありませんが、求めるのは線で貫かれた立方体の数であることを確認しておきます。

 目のつけ所

　本問も、一段スライスで平面図を描き、直線の通る部分を調べます。A→Bの直線は、けっこう中途半端なところを通ることが予想されますので、こういう場合は、なるべく正確で丁寧な図を描きましょう。

　正解は **3**

　AとBを結ぶ線を、上から見た図（平面図）と、正面から見た図（正面図)に描きます。正面図において、1段目の終わり、2段目の終わりの点をそれぞれC、Dとして、平面図で対応する点を確認すると、図1のようになります。

　これより、1段目はA→C、2段目はC→D、3段目はD→Bの線が通っており、それぞれの線が貫く立方体を、各段の平面図で確認すると、図2のようになります。

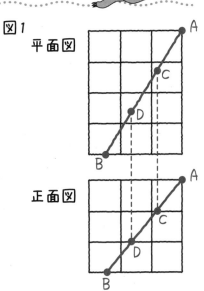

図1
平面図

正面図

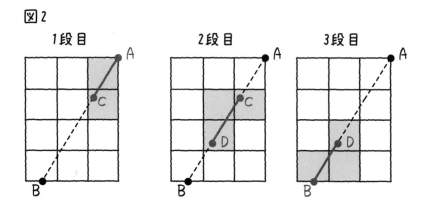

図2

図2より、直線に貫かれた立方体の個数は、1段目は2個、2、3段目は3個で、合計8個となり、選択肢3が正解です。

第6章

数量条件
からの推理

11、12、13、14、15、16の数字が1つずつ書かれたカードが1枚ずつあり、A〜Cの3人がその中から2枚ずつ取った。次のア〜ウのことがわかっているとき、A、B、Cが取り得るカードの組合せの数として、最も妥当なのはどれか。

ア　Aが取ったカードに書かれた数字の合計は25であった。

イ　Bが取ったカードに書かれた数字の合計は27であった。

ウ　Cが取ったカードに書かれた数字の合計は29であった。

1 2　　**2** 3　　**3** 4　　**4** 5　　**5** 6

東京消防庁Ⅱ類　2017年度

 この問題は　カードの数を推理する問題です。

解くための下ごしらえ

特に下ごしらえは必要ありませんが、条件を整理しておきます。

11〜16のカードが各1枚→A〜Cが2枚ずつ

ア　Aの合計は25

イ　Bの合計は27

ウ　Cの合計は29

カードの組合せの数は？

目のつけ所

　求めるのは、条件を満たすカードの組合せが何通りあるかということですから、1通りに決まらないのは明らかです。まずは、Aのとり得るカードの組合せから考えてみましょう。

 正解は **1**

　まず、Aが取ったカードについて、6枚の中で和が25になるのは、(11, 14) (12, 13) の2通りですから、ここで場合分けをします。

（1）Aが (11, 14) を取った場合

　残るカードで、和が27になるのは (12, 15) のみですから、この2枚をBが取り、残る (13, 16) をCが取って、次のように成立します。

11	12	13	14	15	16
A	B	C	A	B	C

（2）Aが (12, 13) を取った場合

　同様に、和が27になるのは (11, 16) のみで、この2枚をBが取り、残る (14, 15) をCが取って、次のように成立します。

11	12	13	14	15	16
B	A	A	C	C	B

　以上より、3人が取り得るカードの組合せは2通りで、選択肢1が正解です。

6枚のくじには、それぞれ異なる数字が一つずつ書いてあり、この数字は1から10までの自然数のうち3つの奇数と3つの偶数であった。次のとおり3回くじを引いた。

　　1回目　　2枚くじを引いた。くじに書かれた数字の平均は2であった。

　　2回目　　1回目に引いたくじを戻し、2枚くじを引いた。くじに書かれた数字の平均は9であった。

　　3回目　　2回目に引いたくじを戻し、3枚くじを引いた。くじに書かれた数字の平均は6であった。また、1回目にも2回目にも引かなかったくじが少なくとも2枚あった。

　このとき、くじに書いてあった6つの数字はどれか。

1　1、2、3、7、8、10
2　1、2、3、8、9、10
3　1、3、4、5、8、10
4　1、3、5、6、8、10
5　1、3、6、8、9、10

裁判所事務官　2007年度

 この問題は　**本問も、カードの数を推理する問題です。**

 ## 解くための下ごしらえ

　特に下ごしらえは必要ありませんが、条件を整理しておきます。
　1〜10のうち3つの偶数と3つの奇数
　　　1回目　2枚引いて、平均は2。
　　　2回目　2枚引いて、平均は9。
　　　3回目　3枚引いて、平均は6。

　　　１、２回目に引かなかったくじが少なくとも２枚
　　くじに書いてあった６つの数字は？

 目のつけ所

　まず、１回目と２回目に引いた数はすぐにわかりますね。これで、６枚
のうち４枚がわかることになります。そうすると、残りは２枚ですが、条
件より、３回目はこの２枚ともう１枚ということになり、その平均が６に
なるよう考えることになりますね。

　　　　正解は**5**　　　　

　１回目の２枚の平均は２ですから、（１，３）とわかり、２回目の２枚の
平均は９ですから、（８，10）とわかります。
　これより、６枚のうち４枚は（１，３，８，10）で、**奇数２枚、偶数２枚**
ですから、残りの２枚は**奇数１枚と偶数１枚**で、その和は奇数となります。
　また、３回目は、この残りの２枚と、（１，３，８，10）のうちの１枚です
が、３枚の平均が６ですから合計は18となります。
　そうすると、**18は偶数**ですが、残り２枚の和は奇数ですから、偶数－
奇数＝奇数より、（１，３，８，10）のうちの１枚は奇数とわかり、１また
は３となります。
　しかし、これが１の場合、残り２枚の和は17ですが、この残り２枚は
（２，４，５，６，７，９）のいずれかで、和が17になる組合せはありません。
　よって、（１，３，８，10）のうちの１枚は３で、残り２枚の和は15となり、
（２，４，５，６，７，９）の中では、（６，９）に決まります。
　これより、くじに書いてあった６つの数字は、（１，３，６，８，９，10）
となり、選択肢５が正解です。

No.3

　図のように、ある山では、麓の地点アから山頂の地点エに向かって階段が設けられている。A〜Eの5人がそれぞれ、特定の区間の階段の段数について数えたところ、段数を本来の段数よりも少なく数え間違えた者が1人いた。次のことが分かっているとき、段数を数え間違えたのは誰か。

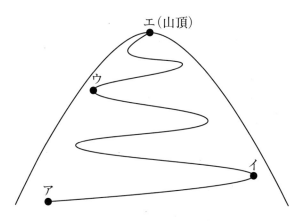

- ○　Aが地点アからイまでの段数を数えたところ、32段であった。
- ○　Bが地点ウからエまでの段数を数えたところ、46段であった。
- ○　Cが地点イからウまでの段数を数えたところ、167段であった。
- ○　Dが地点アからウまでの段数を数えたところ、199段であった。
- ○　Eが地点イからエまでの段数を数えたところ、214段であった。

1　A　　**2**　B　　**3**　C　　**4**　D　　**5**　E

国家専門職　2019年度

この問題は　条件を満たす数の組合せを考える問題です。

124

解くための下ごしらえ

特に下ごしらえは必要ありませんが、条件を整理しておきます。
　A〜Eが特定の区間の階段の段数を数える→少なく数えた者が１人
　A　ア〜イ→32段
　B　ウ〜エ→46段
　C　イ〜ウ→167段
　D　ア〜ウ→199段
　E　イ〜エ→214段

 目のつけ所

　まず、ア〜エを１列に並べて各人の数えた段数を書き入れてみましょう。少なく数えたのが１人だけという条件を満たすよう、段数を合わせてみてください。

解説　　正解は **2**

次のように、各人の数えた区間に段数を記入します。

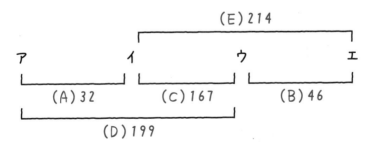

　ＣとＢが数えた区間を合わせると、167＋46＝213（段）で、これはＥが数えた区間と同じですが、Ｅの214段と合致しませんね。そうすると、数え間違えたのはこの３人のいずれかですが、少なく数えたわけですから、

CとBのいずれかです。

　ここで、AとCが数えた区間を合わせると、32＋167＝199（段）で、これはDが数えた区間と同じで、その数は合致しますから、Cは数え間違えていないことがわかります。

　よって、数え間違えたのはBとわかり、選択肢2が正解です。

No4

　10人の仲間が、3台の車に分乗して出掛けた。次のア～カのことが分かっているとき、確実にいえるのはどれか。

　　ア　3台の車は乗車定員が異なり、それぞれに乗った人数も異なっていた。
　　イ　乗った人数が乗車定員と同じになった車はなかった。
　　ウ　乗車定員と乗った人数の差が3人以上の車はなかった。
　　エ　乗った人数が最も多かったのは、乗車定員7人の車だった。
　　オ　3で割り切れる乗車定員の車はなかった。
　　カ　3台の車の乗車定員の合計は奇数だった。

1　3台の車のうち、2台の乗車定員の合計は10人だった。
2　3台の車のうち、2台に乗った人数の合計は5人だった。
3　3台の車のうち、2台に乗った人数の合計は6人だった。
4　乗車定員4人の車があり、乗った人数は3人だった。
5　乗車定員5人の車があり、乗った人数は4人だった。

特別区Ⅰ類　2007年度

この問題は　**本問も、条件を満たす数の組合せを考える問題です。**

解くための下ごしらえ

特に下ごしらえは必要ありませんが、条件を整理しておきます。

10人が3台に分乗

ア　3台は定員、乗った人数とも異なる

イ　乗った人数≠定員

ウ　乗った人数と定員の差は3人未満

エ　乗った人数最多→定員7人の車

オ　定員は3で割り切れない

カ　定員の合計は奇数

 目のつけ所

まず、条件イ、ウ、エより、定員7人の車に乗った人数を考えます。全部で10人ですから、ここから3台に分乗した人数の内訳が絞られますね。

 正解は **4**

条件イ、ウより、それぞれの車に乗った人数は、乗車定員より1人または2人少ない人数となりますので、条件エの定員7人の車に乗った人数は6人または5人とわかります。

そうすると、条件アより、3台に分乗した10人の内訳は、（6人，3人，1人）（5人，4人，1人）（5人，3人，2人）のいずれかですから、ここで場合分けをします。

（1）（6人，3人，1人）の場合

1人が乗った車の定員は2人または3人ですが、条件オより、2人に決まります。

また、3人が乗った車の定員は4人または5人ですが、5人の場合、3

台の定員の合計が7＋5＋2＝14となり、条件カに反します。よって、3人が乗った車の定員は4人となり、表のような人数となります。

	1台目	2台目	3台目	合計
乗車定員	7人	4人	2人	13人
乗った人数	6人	3人	1人	10人

（2）（5人，4人，1人）の場合

　同様に、1人が乗った車の定員は2人になり、4人が乗った車の定員は5人または6人ですが、やはり、条件オより5人に決まります。

　しかし、この場合も、**定員の合計は14となり、成立しません。**

（3）（5人，3人，2人）の場合

　2人が乗った車の定員は3人または4人ですが、条件オより、4人に決まります。

　また、3人が乗った車の定員は4人または5人ですが、条件アより、5人に決まります。

　しかし、この場合も、定員の合計は7＋5＋4＝16となり、成立しません。

　以上より、（1）の表のように決まり、選択肢4が正解です。

No 5

　ある会社が、1室の多目的ホールをA〜Eの各人に1度ずつ貸し出した。6月1日（月）から貸出しを始め、貸出期間が終了した日の翌日に別の人に貸し出すことを繰り返したところ、最後の人の貸出期間終了日は6月28日（日）であった。A〜Eへの貸出状況について、次のことが分かっているとき、貸し出した順番として最も妥当なのはどれか。

○　貸出期間開始日は、全て、月曜日か金曜日のいずれかであった。

○　Aの貸出期間開始日は月曜日で、貸出期間は最も長く、11日間であった。

○　Bへの貸出期間は2番目に長く、貸し出したのはCの次であった。

○　Dへの貸出期間は4日間であった。

○　Eに貸し出したのは、Aよりも前であった。

1　C→B→D→E→A

2　C→B→E→A→D

3　D→C→B→E→A

4　D→E→A→C→B

5　E→D→A→C→B

国家専門職　2020年度

この問題は　**本問も、条件を満たす数の組合せを考える問題です。**

解くための下ごしらえ

貸出期間（4週間）のカレンダーを作成します。

月	火	水	木	金	土	日

目のつけ所

　まず、2番目の条件から最長のAの貸出期間を考えます。あとは、月曜日から借りた人と金曜日から借りた人の情報を整理し、Aの次に借りた人を考えてみましょう。

　　　　正解は**4**　　　　

　貸出期間は6月1日から28日までの4週間ですから、表1のようなカレンダーを作成して、A～Eを記入していきます。4週間について、各週の月曜日からの1週間を「第1週目」から「第4週目」と呼ぶことにします。

　まず、1、2番目の条件より、Aの貸出期間は月曜日から翌週の木曜日までですが、5番目の条件より、第1週目ではありませんので、第2週目か第3週目の月曜日からとなります。

　また、1、4番目の条件より、Dの貸出期間は、月曜日から木曜日、または金曜日から月曜日ですが、後者の場合、次の貸し出しが火曜日からになりますので、前者に決まります。ここまでで、AとDはいずれも月曜日からとわかりますね。

　そうすると、ここで、Aの直後の金曜日から借りた人を考えると、Dではなく、3、5番目の条件より、B、Eでもないので、Cに決まります。3番目の条件より、そのCの直後にBが借りていますので、Aの貸出期間は第3週目からではなく、第2週目からとわかります。さらに、3、4番目の条件より、Bの貸出期間は5日以上ですから、第4週目の月曜日から1週間とわかり、ここまでで表1のようになります。

表1

月	火	水	木	金	土	日
A	A	A	A	A	A	A
A	A	A	A	C	C	C
B	B	B	B	B	B	B

　残るDとEについては、Dが第1週目の月曜日から4日間で、その後の3日間がEとなり、表2のように完成します。

表2

月	火	水	木	金	土	日
D	D	D	D	E	E	E
A	A	A	A	A	A	A
A	A	A	A	C	C	C
B	B	B	B	B	B	B

　以上より、貸し出した順番は、D→E→A→C→Bとなり、選択肢4が正解です。

A～Eの5人が、水泳、自転車、マラソンの3種目の競技をした。各種目ごとに1位から3位までを入賞とし、1位には3点、2位には2点、3位には1点を与え、合計得点によって順位を決めた。次のア～オのことが分かっているとき、確実にいえるのはどれか。

なお、いずれの種目においても、また、合計得点においても同順位者はいなかった。

　　ア　Aは水泳で2位だった。
　　イ　Bはすべての種目に入賞した。
　　ウ　Cは水泳で1位、合計得点は5点だった。
　　エ　Dはマラソンで3位、合計得点は3点だった。
　　オ　いずれの種目もEより下位の者がいた。

1　自転車の4位はAだった。
2　マラソンの2位はBだった。
3　Cはいずれの種目もDより上位だった。
4　自転車の1位はEだった。
5　Eはいずれか1種目で入賞した。

国家Ⅱ種　2008年度

この問題は　**本問も、条件を満たす数の組合せを考える問題です。**

解くための下ごしらえ

3種目の競技におけるA〜Eの順位（得点）を整理する表を作成します。

	水泳	自転車	マラソン	合計
A				
B				
C				
D				
E				

 目のつけ所

まず、条件ア、ウ、エは表に記入し、条件イ、オを満たすように残る部分を推理していきましょう。

 正解は **5**

A〜Eの3種目での順位と得点を表に整理します。
まず、条件ア、ウ、エを記入して、表1のようになります。

表1

	水泳	自転車	マラソン	合計
A	2位（2点）			
B				
C	1位（3点）			5点
D			3位（1点）	3点
E				

条件イより、Bはすべての種目で入賞していますので、水泳では3位とわかり、条件オより、水泳は、Eが4位で、Dが5位となります。

　これより、Dは自転車で2点を得たことになり、自転車は2位で、表2のようになります。

表2

	水泳	自転車	マラソン	合計
A	2位（2点）			
B	3位（1点）			
C	1位（3点）			5点
D	5位（0点）	2位（2点）	3位（1点）	3点
E	4位（0点）			

　また、Cは自転車とマラソンで2点を得ていますので、片方のみ2点か、両方1点のいずれかですが、自転車の2点、マラソンの1点はともにDですから、Cはマラソンで2点、自転車で0点であったとわかります。

　これより、マラソンでは、条件イ、オより、Bが1位、Eが4位、Aが5位とわかり、表3のようになります。

表3

	水泳	自転車	マラソン	合計
A	2位（2点）		5位（0点）	
B	3位（1点）		1位（3点）	
C	1位（3点）	（0点）	2位（2点）	5点
D	5位（0点）	2位（2点）	3位（1点）	3点
E	4位（0点）		4位（0点）	

　条件イより、Bは自転車でも1位または3位で、3点か1点を得ていますが、1点だとすると、合計得点がCと同じ5点になり、条件に反します。

　よって、Bは自転車では3点を得ており、残るAとEのいずれかが1点を得ていますが、Aだとすると、やはり、Aの合計得点がDと同じ3点になり条件に反します。

　よって、自転車ではEが1点とわかり、表4のようになりますが、4位と5位については特定しません。

表4

	水泳	自転車	マラソン	合計
A	2位（2点）	（0点）	5位（0点）	2点
B	3位（1点）	1位（3点）	1位（3点）	7点
C	1位（3点）	（0点）	2位（2点）	5点
D	5位（0点）	2位（2点）	3位（1点）	3点
E	4位（0点）	3位（1点）	4位（0点）	1点

　表4より、選択肢5が正解です。

第7章

発言と真偽

1〜5の数字が1つずつ書かれた5枚のカードのうちの4枚を
A〜Dの4人に1枚ずつ配った。4人は、自分のカードの数は見
ることはできないが、他の3人のカードの数は見えている。この
状況で、A〜Cが次のように発言したとき、確実に言えることと
して妥当なのはどれか。ただし、4人は5枚のカードに1〜5が
1つずつ書かれていることを知っているものとする。

　A　「私は自分のカードの数が偶数か奇数かわかりません。」
　B　「Aの発言を聞いて、自分のカードの数がわかりました。」
　C　「私も、Aの発言を聞いて、自分のカードの数がわかりま
　　　した。」

1　Aのカードの数は偶数である。
2　Bのカードの数は偶数である。
3　Cのカードの数は奇数である。
4　Dのカードの数は奇数である。
5　A〜Cの発言から、Dも自分のカードの数がわかる。

この問題は 他人の発言から推理する問題です。

　解くための下ごしらえ

　特に下ごしらえは必要ありませんが、条件を整理しておきます。
　　1〜5のカードのうちの4枚→A〜Dに配る（1枚余る）
　　自分のカードは見られないが、他の3人のカードは見える
　　A「自分のカードが偶数か奇数かわからない」
　　B「Aの発言で自分のカードがわかった」
　　C「Aの発言で自分のカードがわかった」

目のつけ所

　自分より前の人の発言をもとに推理する問題です。たいていは「わから
ない」という発言が出てきます。本問ではAの発言ですね。何故「わから
ない」のかというと、「わかる」状況にないからです。このような場合は、
「わかる」場合を考えて、それを否定してみましょう。Aが自分のカード
が偶数か奇数かがわかるとしたら、B、C、Dのカードがどのようなとき
でしょうか？

 　　　　正解は **3**　　　　

　1～5のカードに奇数は3枚、偶数は2枚ですから、AがB～Dのカー
ドから、自分のカードの数が奇数か偶数かを判断できるのは、以下の場合
です。

> B～Dが全員奇数　→　自分は偶数と判断できる
> B～Dが奇数1人と偶数2人　→　自分は奇数と判断できる

　しかし、Aの発言から、このいずれでもなかったわけですから、B～D
に奇数は2人、偶数は1人であったとわかります。
　そうすると、これによって、B～Dの3人は、以下のように判断できます。

> 自分以外の2人が両方とも奇数　→　自分は偶数と判断できる
> 自分以外の2人が奇数と偶数　→　自分は奇数と判断できる

　これより、B～Dの3人はいずれも、自分のカードが**奇数か偶数か**がわ
かったわけですが、数字まで判断できる状況を考えると、Aのカードの数
字から次のようになります。

（1）Aのカードが奇数の場合

　B～Dのうち、奇数のカードを持つ2人は、自分以外に奇数のカードが2枚見えていますので、1、3、5のうちの残り1枚が自分のカードであると判断できますが、偶数のカードを持つ1人は、自分のカードが2と4のいずれかを判断することはできません。

（2）Aのカードが偶数の場合

　B～Dのうち、偶数のカードを持つ1人は、Aが2なら自分は4、Aが4なら自分は2であると判断できますが、奇数のカードを持つ2人は互いのカードを見ても、奇数はもう1枚あるので判断できません。

　これより、BとCの2人がカードの数字がわかったということは、（1）の場合であるとわかりますので、A、B、Cの3人が奇数で、Dは偶数となり、選択肢3が正解です。

No.2

　A～Gの7人が、赤・白・青のいずれかの色の帽子を一斉にかぶせてもらい、自分以外の全員の色を見て、自分がかぶっている帽子の色を当てるというゲームを行った。

　「帽子の色は赤・白・青のいずれかで、同じ色の帽子をかぶっている人は最大3人である」というヒントがあったが、初めは誰も分からず、手を挙げなかった。しかし、そこで誰も分からないという状況を踏まえたとたんに、何人かが同時に「分かった」と手を挙げ、それを見て残りの人が「分かった」と手を挙げた。このとき、先に同時に手を挙げた人数は何人であったか。

　ただし、A～Gの7人は判断に同じだけの時間を要し、誤りはないものとする。

| **1** 2人 | **2** 3人 | **3** 4人 | **4** 5人 | **5** 6人 |

国税・労基　2008年度

 本問も、他人の発言から推理する問題です。

 ## 解くための下ごしらえ

特に下ごしらえは必要ありませんが、条件を整理しておきます。
　A〜Gの7人に、赤、白、青の帽子をかぶせる
　自分の色はわからないが、他の人の帽子は見える
　ヒント「同じ色は最大3人」→誰もわからない
　　　　　→何人かが「わかった」→残りの人も「わかった」
はじめにわかったのは何人？

目のつけ所

　本問では「わからない」という発言は出てきませんが、はじめは誰もわからなかったので、ここでは全員が「わからない」と言っているのと同じです。なので、まずは、はじめから「わかる」場合を考えてみましょう。

 　　　正解は **3**　　　

　同じ色の帽子をかぶっている人は最大3人なので、それぞれの帽子をかぶった人数の内訳は、（3人，3人，1人）または（3人，2人，2人）のいずれかです。
　しかし、（3人，3人，1人）の場合、「1人」に当たる人は、自分以外の6人が3人ずつ同じ色の帽子をかぶっているのですから、自分の帽子は残りの1色であることがすぐにわかるはずです。けれども、初めは誰も自

分の帽子の色がわからなかったということは、人数の内訳は（3人，3人，1人）ではなく、（3人，2人，2人）であると全員が同時に判断したことになります。

　これより、3色の帽子をP、Q、Rとして、Pが3人、QとRが各2人とすると、それぞれの帽子をかぶっている人から見た他の6人の帽子の色と人数は次のようになります。

Pをかぶっている人　→　P2人、Q2人、R2人
Qをかぶっている人　→　P3人、Q1人、R2人
Rをかぶっている人　→　P3人、Q2人、R1人

　Pをかぶっている人は、他の6人の帽子から自分の帽子の色はわかりませんが、ここで、自分が（3人，2人，2人）の「3人」に当たることは判断できます。

　また、Qをかぶっている人は、他の6人の帽子から、自分の帽子はQであることが判断でき、Rをかぶっている人も同様です。

　これより、QとRをかぶっている4人がまず手を挙げ、それを見た残り3人は、手を挙げた4人と違う色であると判断でき、自分の帽子がPであるとわかります。

　よって、先に手を挙げたのは4人で、選択肢3が正解です。

No.3

　A〜Eの 5 人が、ある競技の観戦チケットの抽選に申し込み、このうちの 1 人が当選した。5 人に話を聞いたところ、次のような返事があった。このとき、5 人のうち 3 人が本当のことを言い、2 人がうそをついているとすると、確実にいえるのはどれか。

A　「当選したのは B か C のどちらかだ。」
B　「当選したのは A か C のどちらかだ。」
C　「当選したのは D か E である。」
D　「私と C は当選していない。」
E　「当選したのは B か D のどちらかだ。」

1　A が当選した。　　**2**　B が当選した。　　**3**　C が当選した。

4　D が当選した。　　**5**　E が当選した。

特別区 I 類　2020 年度

 この問題は　**真理表を作成して真偽を推理する問題です。**

 ## 解くための下ごしらえ

　次のような表を作成して、各人の発言の真偽（○，×）を記入していきましょう。

（当選したと仮定）

	A	B	C	D	E
A					
B					
C					
D					
E					

（発言者）

目のつけ所

　当選したのが誰かを仮定すると、各人の発言の〇、×がわかります。表に整理して、3人だけが〇になる場合を確認しましょう。

 正解は **2**

　当選した人を仮定して、各人の発言の真偽を確認します。

　まず、Aが当選したと仮定すると、BとDの発言は〇ですが、A、C、Eの発言は×になり、条件に反します。よって、当選したのはAではありませんね。

　同様に、B〜Eについて調べますが、このような場合は、次のような表（真理表といいます）を使うと便利です。

　まず、Aの発言は、BかCが当選したときは〇、その他のときは×ですね。また、Bの発言は、AかCが当選したときは〇、その他のときは×です。CとEも同様に記入できますね。Dについては、DかCが当選したときは×、その他のときは〇で、次のように完成します。

（当選したと仮定）

（発言者）	A	B	C	D	E
A	×	〇	〇	×	×
B	〇	×	〇	×	×
C	×	×	×	〇	〇
D	〇	〇	×	×	〇
E	×	〇	×	〇	×

　これより、3人が本当のことを言っているのは、Bが当選したときで、選択肢2が正解です。

No **4**

　あるオーディションの最終選考に、A～Eの 5 人が残っている。この中から、合格者を 2 人選出する。このオーディションを見ていたP、Q、Rの 3 人は次のように予想した。3 人とも、一方の予想は当たったが、もう一方の予想は外れていた。このとき、合格した 2 人の組合せとして、最も妥当なのはどれか。

　P　「Bは不合格で、Cは合格だ。」
　Q　「Aは合格で、Eは不合格だ。」
　R　「Cは不合格で、Dは合格だ。」

1　A、B　　**2**　A、E　　**3**　B、C
4　C、D　　**5**　D、E

警視庁 I 類　2018 年度

この問題は　**各人の 2 つの発言の真偽を推理する問題です。**

解くための下ごしらえ

　各人の発言の一方に〇、もう一方に×を記入しながら、A～Eの合否を整理します。与えられた問題文（発言）の上に〇×を記入してもいいですが、使いにくい場合は、次のように、〇×を記入するスペースを取るように書き直してもいいでしょう。また、A～Eの合否を整理する欄も用意しておきましょう。

P　→　Bは不合格		Cは合格
Q　→　Aは合格		Eは不合格
R　→　Cは不合格		Dは合格

A	B	C	D	E

目のつけ所

本問のような、2つの発言で〇と×のパターンは、まずは、最初の1人（AでOK）の前半を〇と仮定してみましょう。後半は×になりますね。そして、ここから他の人の発言の〇、×へつなげていけばいいでしょう。気づかないところで矛盾が起きないよう、そこからわかる情報（本問ではA～Eの合否）はきちんと整理しながら作業してください。

 解説　　正解は **2**

　Pの予想のどちらが当たったかで場合分けをします。

（1）Pの前半の予想が当たった場合
　Bは不合格で、Pの後半の予想は外れですから、Cも不合格だったことになります。
　そうすると、Rの前半の予想が当たったことになり、後半は外れていますから、Dも不合格となります。
　これより、合格したのはAとEで、Qの予想の前半が当たり、後半が外れとなって、次のように成立します。

Pの予想 →	Bは不合格〇	Cは合格	×
Qの予想 →	Aは合格　〇	Eは不合格	×
Rの予想 →	Cは不合格〇	Dは合格	×

A	B	C	D	E
合	不	不	不	合

（2）Pの後半の予想が当たった場合
　Cは合格で、Pの前半の予想は外れですから、Bも合格したことになり

ます。

　そうすると、Rの前半の予想は外れていますので、後半が当たったことになり、Dもまた合格となり、合格者が３人になって、条件に反します。

　これより、（１）の場合に決まり、合格した２人はAとEで、選択肢２が正解です。

No5

　中の見えない袋の中に、赤、青、黄、白の４色の玉が入っている。AとBが次のように個数の多い順を予想した。実際に数えると青の玉が一番多く、残る３色の個数について、２人の予想の順位はそれぞれ１つずつ的中していた。このとき、赤、黄、白の玉の個数を多い順に並べたものとして、最も妥当なのはどれか。ただし、４つの玉の個数は、すべて異なるものとする。

　　A　「赤の玉の個数が一番多く、続けて黄、青の順で、白が一
　　　　番少ない。」
　　B　「赤の玉の個数が一番多く、続けて白、黄の順で、青が一
　　　　番少ない。」

　　二番目　三番目　四番目
1　赤 ― 黄 ― 白
2　赤 ― 白 ― 黄
3　黄 ― 赤 ― 白
4　白 ― 赤 ― 黄
5　白 ― 黄 ― 赤

東京消防庁Ⅱ類　2017年度

この問題は　**発言に矛盾のないよう真偽を推理する問題です。**

解くための下ごしらえ

AとBの予想を表にまとめ、ここに○、×を記入していきましょう。

	一番目	二番目	三番目	四番目
A	赤	黄	青	白
B	赤	白	黄	青

 目のつけ所

　一番目が青ということから、2人の予想の外れた部分がいくつかわかりますね。あとは、2人の発言に矛盾のないよう、的中した1つを調べてみましょう。

 　正解は 1

　AとBの予想を表に整理します。

　一番目は青なので、2人とも一番目の予想は外れ、また、Aの三番目の青、Bの四番目の青も外れたことになり、ここまでで表1のようになります。

表1

	一番目	二番目	三番目	四番目
A	赤×	黄	青×	白
B	赤×	白	黄	青×

　そうすると、A、Bとも、的中したのは黄または白のうち1つとなりますが、Aの二番目の黄が的中した場合、Bは二番目の白、三番目の黄が共に外れになりますので、Aが的中したのは四番目の白に決まります。

　これより、Bの二番目の白は外れ、三番目の黄が的中とわかり、表2のようになります。

表 2

	一番目	二番目	三番目	四番目
A	赤×	黄×	青×	白○
B	赤×	白×	黄○	青×

　よって、三番目は黄、四番目は白ですから、残る赤は二番目で、青―赤―黄―白の順とわかり、選択肢 1 が正解です。

No6

　A～Dの4人はI図のようなメールのやり取りをしており、Ⅱ図のように2人の間でメールを交換することはない。

　また、発言者がメールを送っている相手についての発言ならウソを言い、それ以外の者についての発言なら本当のことを言っている（例えば、AがDにメールを送っている場合には、AはDについての発言ならウソを言い、BとCについての発言なら本当のことを言っている。）。

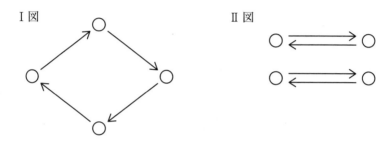

I図　　　　　　　　　　　　　　　Ⅱ図

　A　「BはCからメールを送られてはいない」（Bについての発言）
　D　「Cは私にメールを送っている」（Cについての発言）

　AとDは上のように発言したが、このとき、確実に言えるものはどれか。

1　AはBにメールを送っている。
2　BはCにメールを送っている。
3　CはDにメールを送っている。
4　DはAにメールを送っている。
5　BはDにメールを送っている。

裁判所職員　2018年度

 この問題は　発言の矛盾に着目して真偽を推理する問題です。

解くための下ごしらえ

　特に下ごしらえは必要ありません。問題の意味をしっかり理解して、Ａ
とＤの発言を考えましょう。

 ## 目のつけ所

　Ａの発言はＢについてのものです。なので、Ａがメールを送っている相
手がＢの場合は、この発言は×に、ＣまたはＤの場合は、この発言は〇に
なります。
　これより、まず、ＡはＢにメールを送っている（Ａの発言は×）と仮定
して考えてみましょう。

 　正解は **3**　　　　　

　Ａの発言がウソだとすると、条件より、ＡはＢにメールを送ったことに
なりますから、ＢはＡからメールを送られており、Ｃからは送られていな
いので、Ａの発言が本当になってしまい、矛盾します。
　よって、Ａの発言は本当で、ＡはＢにメールを送っていないとわかりま
す。
　そうすると、ＢはＡからメールを送られておらず、また、Ａの発言から、
Ｃからもメールを送られていないので、Ｄから送られたとわかります。
　これより、ＤはＣにはメールを送っていないので、Ｄの発言も本当にな
り、ＣはＤにメールを送っていますので、Ｃ→Ｄ→Ｂとわかり、これにＡ
を加えて、次ページの図のようになります。

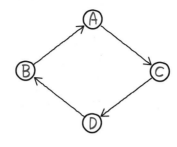

図より、選択肢3が正解です。

第8章
命題と論理

大学生数人に好きな音楽のジャンルをたずねたところ、次のようなことがわかった。このとき、確実にいえることとして、最も妥当なのはどれか。

A　ジャズが好きな人は、ロックも好きである。
B　ロックが好きでない人は、ラテンも好きではない。
C　ソウルが好きな人は、ラテンも好きである。
D　インディーズが好きでない人は、ロックも好きではない。

1　インディーズが好きな人は、ラテンも好きである。
2　ラテンが好きでない人は、ロックも好きではない。
3　ジャズが好きな人は、ソウルも好きである。
4　ソウルが好きでない人は、ロックも好きではない。
5　ジャズが好きな人は、インディーズも好きである。

この問題は **論理式を使って解く基本的な問題です。**

解くための下ごしらえ

命題A〜Dを論理式に表します。
A　ジャズ→ロック
B　$\overline{ロック}→\overline{ラテン}$
C　ソウル→ラテン
D　$\overline{インディーズ}→\overline{ロック}$

😺 ルール！

論理式
「AならばBである」＝「A→B」
否定
「A」の否定＝「$\overline{A}$」
「$\overline{A}$」の否定＝「A」
対偶
「A→B」＝「$\overline{B}→\overline{A}$」
三段論法
「A→B」｜
「B→C」｝「A→B→C」⇒「A→C」

目のつけ所

「○○ならば△△である」という命題は、論理式に表して解きます。
本問は、命題BとDの対偶をとると、簡単にまとめられます。

 解説　　正解は **5**　　

「下ごしらえ」で表した論理式をまとめます。
まず、命題BとDは対偶をとると次のようになります。

B　ラテン→ロック　　D　ロック→インディーズ

さらに、これらをまとめると、次のようになります。

$$ジャズ \rightarrow ロック \rightarrow インディーズ$$
$$\uparrow$$
$$ソウル \rightarrow ラテン$$

これより、選択肢を確認します。

選択肢1　「インディーズ→ラテン」は導けません。
選択肢2　「$\overline{ラテン}$→$\overline{ロック}$」の対偶は「ロック→ラテン」ですが、導けません。
選択肢3　「ジャズ→ソウル」は導けません。
選択肢4　「$\overline{ソウル}$→$\overline{ロック}$」の対偶は「ロック→ソウル」ですが、導けません。
選択肢5　「ジャズ→インディーズ」は導けます。

よって、選択肢5が正解です。

あるクラスで国語、数学、理科、社会、英語について、得意かどうかのアンケートを実施したところ、次のア～ウのことが分かった。このとき、確実に言えることとして、最も妥当なのはどれか。

ア　英語が得意でない人は、国語が得意である。
イ　数学が得意な人は、社会が得意かつ国語が得意でない。
ウ　社会または英語が得意な人は、理科が得意でない。

1　英語が得意な人は国語が得意でない。
2　国語が得意な人は理科が得意でない。
3　数学が得意な人は理科が得意である。
4　理科が得意な人は数学が得意でない。
5　社会が得意な人は数学が得意である。

警視庁Ⅰ類　2015年度

この問題は　**命題を分解して論理式に表す問題です。**

解くための下ごしらえ

命題ア～ウを論理式に表します。
ア　英語→国語
イ　数学→社会∧国語
ウ　社会∨英語→理科

🐼 ルール！

命題の分解
「A→B∧C」＝「A→B」「A→C」
「A∨B→C」＝「A→C」「B→C」
※∧：かつ　∨：または

目のつけ所

命題イの「社会∧国語」や、命題ウの「社会∨英語」は、このままでは他の命題につなげることができませんので分解しましょう。

156

 **解説** 　正解は**4**

命題アは対偶をとっておきましょう。

> ア　国語→英語

さらに、命題イとウについては、次のように、分解します。

> イ　数学→社会　　数学→国語
> ウ　社会→理科　　英語→理科

これらをまとめると、次のようになります。

$$\overline{国語} \quad \rightarrow \quad \overline{英語}$$
$$\uparrow \qquad\qquad\qquad \downarrow$$
$$数学 \rightarrow 社会 \rightarrow \overline{理科}$$

これより、選択肢を確認します。

選択肢1　「国語→英語」は導けますが、その逆は導けません。

選択肢2　「国語→理科」は導けません。

選択肢3　「数学→理科」が導けますので、誤りです。

選択肢4　「数学→理科」が導けますので、対偶をとって「理科→数学」
　　　　　が導けます。

選択肢5　「数学→社会」は導けますが、その逆は導けません。

よって、選択肢4が正解です。

父親の育児への参加の実態について調査をしたところ、遊び、保育（幼稚）園の送迎、おむつ替え、食事の補助、入浴、添い寝について、少なくとも一つは経験したことがあり、かつI～IVのことが分かっている。

これらのことから確実にいえるのはどれか。

　　I：入浴の経験がない父親は、遊びの経験がない。
　　II：おむつ替えの経験か添い寝の経験がある父親は、食事の補助の経験がある。
　　III：入浴の経験がある父親は、おむつ替えの経験も添い寝の経験もある。
　　IV：食事の補助の経験のない父親は、保育（幼稚）園の送迎の経験がない。

1　遊びの経験がある父親は、保育（幼稚）園の送迎の経験がない。
2　保育（幼稚）園の送迎の経験のある父親は、入浴の経験がある。
3　おむつ替えの経験がない父親は、遊びの経験がない。
4　食事の補助の経験がある父親は、入浴の経験があるか添い寝の経験がない。
5　入浴の経験がない父親は、おむつ替えの経験がない。

国家II種　2003年度

この問題は　**本問も、命題を分解して論理式に表す問題です。**

解くための下ごしらえ

命題Ⅱ、Ⅲは分解して、それぞれを論理式に表します。
　　Ⅰ　入浴→$\overline{遊び}$
　　Ⅱ　おむつ→食事　　添い寝→食事
　　Ⅲ　入浴→おむつ　　入浴→添い寝
　　Ⅳ　$\overline{食事}$→送迎

 目のつけ所

　本問も、命題Ⅱ、Ⅲは分解しないと他とつなげられませんね。「下ごしらえ」のように、はじめから分解した論理式を書いてしまったほうが早いでしょう。

 解説　　　　正解は **3**

命題ⅠとⅣは対偶をとります。

Ⅰ　遊び→$\overline{入浴}$	Ⅳ　$\overline{送迎}$→食事

さらに、これらをまとめると、次のようになります。

$$遊び \to 入浴 \to おむつ$$
$$\downarrow \qquad\quad \downarrow$$
$$添い寝 \to 食事 \leftarrow 送迎$$

これより、選択肢を確認します。

選択肢1　「遊び→$\overline{送迎}$」は導けません。
選択肢2　「送迎→入浴」は導けません。

選択肢3 「遊び→おむつ」が導けますので、対偶をとって「$\overline{おむつ}$→$\overline{遊び}$」が導けます。

選択肢4 「食事→入浴∨$\overline{添い寝}$」は導けません。

選択肢5 「$\overline{入浴}$→$\overline{おむつ}$」の対偶は「おむつ→入浴」ですが、導けません。

よって、選択肢3が正解です。

No 4

　ある集団を調査したところ次のことが分かった。このとき、論理的に確実にいえるのはどれか。

○ ワインが好きか又は日本酒が好きである者は、イタリア料理が好きである。

○ ワインが好きである者は、中華料理か和食のいずれか一つのみが好きである。

○ 日本酒が好きではない者は、和食が好きではない。

1 日本酒が好きでかつワインが好きではない者は、和食が好きである。

2 日本酒が好きである者は、中華料理が好きである。

3 中華料理が好きでかつ日本酒が好きである者は、和食が好きである。

4 イタリア料理が好きか又は和食が好きである者はワインが好きである。

5 和食が好きでかつワインが好きである者は、中華料理が好きではない。

国家専門職　2013年度

この問題は　**論理式に表し、そこから少し考えて解く問題です。**

解くための下ごしらえ

　1番目と3番目の命題は論理式で表します。1番目の命題は分解して次のようになります。

　　ワイン→イタリア　　日本酒→イタリア
　　日本酒→和食

 目のつけ所

　2番目の命題は、「ワイン→中華∨和食」と書きたくなりますが、「中華∨和食」は「少なくともどちらかは好き」という意味ですから、両方とも好きな人も含まれてしまいます。なので、これをどう表すかです。
　しかし、そもそも論理式などを使うのは、情報をわかりやすくまとめるためですから、要は自分がわかればいいのです。無理に正確な論理式に表そうとする必要はありませんよ。

 正解は **5**

3番目の命題は対偶をとります。

和食→日本酒

また、2番目の命題ですが、意味がわかるように、たとえば、次のように表しておきます。

ワイン→中華か和食の1つのみ

ここで、これらをまとめると、次のようになります。

ワイン → イタリア ← 日本酒 ←和食
↓
中華か和食の1つのみ

これより、選択肢を確認します。

選択肢1　日本酒が好きでかつワインが好きでない者の情報は導けません。
選択肢2　「日本酒→中華」は導けません。
選択肢3　中華料理が好きでかつ日本酒が好きである者の情報は導けません。
選択肢4　「イタリア→ワイン」「和食→ワイン」のいずれも導けません。
選択肢5　「ワイン→中華か和食の1つのみ」より、ワインが好きな者は、和食が好きであれば、中華は好きでないことになり、論理的に導けます。

よって、選択肢5が正解です。

No.5

　あるクラスで「好きな四季」についてのアンケートをとった。このクラスの生徒は、春夏秋冬のうち少なくとも一つの季節が好きであり、それ以外に次のことがわかっている。
　ア　春か夏の好きな生徒は秋が好きでない。
　イ　夏の好きでない生徒は秋が好きである。
　ウ　春か秋の好きな生徒は夏か冬のどちらか一方が好きである。

このとき、確実に言えるものはどれか。

> **1** 春が好きな生徒は夏が好きでない。
> **2** 夏が好きな生徒の中には秋が好きな者がいる。
> **3** 秋が好きな生徒は冬が好きでない。
> **4** 冬が好きな生徒は春が好きでない。
> **5** 夏も冬も好きでない生徒は春が好きである。
>
> 裁判所職員　2018 年度

  この問題は、**本問も、少し考えて解く問題です。**

解くための下ごしらえ

　命題ア、ウは分解し、ア～ウを論理式で表します。ウの「夏か冬のどちらか一方」はわかるように書いておきます。

　　ア　春→$\overline{秋}$　　夏→秋
　　イ　夏→秋
　　ウ　春→夏か冬の一方　　　秋→夏か冬の一方

目のつけ所

　命題ウの「どちらか一方」という表現は、前問と同様にわかりやすく表します。

　そして、どちらか一方が好きということは、片方が好きなら、もう片方は好きではないということですよね。

 解説　　　正解は **4**

　アの「夏→秋」と、イの対偶「秋→夏」は互いに逆の命題で、これが共に成立するわけですから「夏↔秋」とします。

さらに、アとイをまとめて、次のようになります。

$$春 \to \overline{秋} \leftrightarrow 夏$$

これより、「春→夏」が導けますので、ここで、ウの「春→夏か冬の一方」について考えると、夏か冬のどちらか一方だけが好きということは、夏が好きなら冬は好きでないことになり、ここから「春→冬」が導けます。

そうすると、その対偶で「冬→春」が導け、選択肢4が確実にいえるとわかります。

よって、選択肢4が正解です。

第9章

移動と軌跡

下の図のように、辺の長さが 1 の正方形が矢印の方向に滑らずに転がるとき、正方形上の点 P の軌跡を表したものとして、最も妥当なのはどれか。

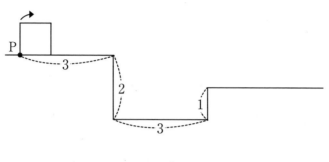

1

2

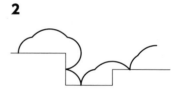

3

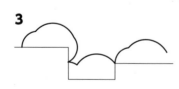

4

5

東京消防庁 I 類　2017 年度

この問題は　**正方形が直線上を回転する最も基本的なパターンです。**

解くための下ごしらえ

特に下ごしらえは必要ありません。

 目のつけ所

　最も基本的なパターンで、正方形が1回ころがるごとの点Pの軌跡を確認し、選択肢と照合していきます。

　軌跡は円弧になり、その形も大事ですが、Pの位置で選択肢が切れることが多いです。通るべき位置を通っていない、通るはずのない位置を通っているなどで、選択肢を消去してみましょう。

 正解は **4**

　正方形は、図1の①の位置から、①→②→③…と移動することになります。

図1

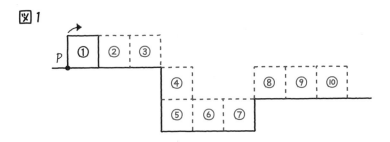

　まず、①→②での移動で、Pは図2のP$_0$→P$_1$のような円弧を描き、さらに、②→③で、P$_1$→P$_2$のような円弧を描きます。

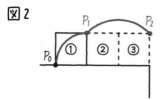
図2

　この時点で、**選択肢1**は図3のように、円弧の形状や点P₂の位置が合致しませんので消去できます。また、**選択肢3**も、P₂の位置がずれていますので、消去できます。

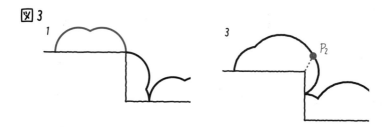
図3

　さらに、③〜⑥の移動で、図4のように、$P_2 \rightarrow P_3 \rightarrow P_4$のような円弧を描き、ここで、**選択肢2**は$P_3 \rightarrow P_4$の形状が合致しませんので消去できます。

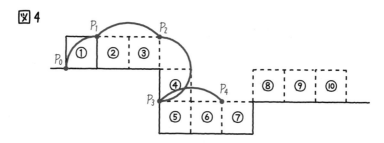
図4

　さらに、⑥〜⑩の移動で、図5のように、P_4〜P_8のような円弧を描き、ここで、**選択肢5**はP_6から先の形状が合致せず、正解は選択肢4とわかります。

図 5

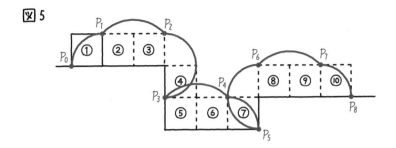

下の図のように、正方形の辺上を一定の速さで移動する点Pおよび点Qがある。点P、点QがAから同時に出発し、点Pが反時計回りに、点Qが時計回りに移動する。点Qが点Pの3倍の速さで、点Pと出会うまで移動したとき、線分PQの中点Mが描く軌跡として、最も妥当なのはどれか。

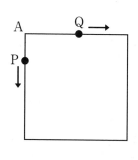

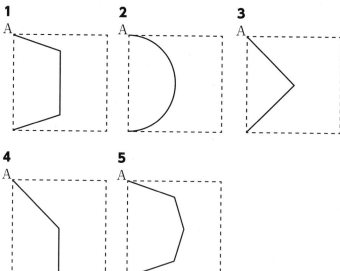

東京消防庁（専門系）　2017年度

この問題は　動点の軌跡を求める問題で、消去法で解けることが多いです。

解くための下ごしらえ

条件を整理しておきます。
　　P、Q→Aから同時に出発
　　P→反時計回り　　Q→時計回り
　　Q→Pの3倍の速さ
　PQの中点Mの軌跡は?

 ## 目のつけ所

　Qの速さはPの3倍なので、Pが1辺を移動する間にQは3辺を移動します。なので、Qが1辺進むごとに、P、Qの位置からMの位置を調べればいいですね。
　動点の軌跡を考える問題でも、わかりやすい通過点を調べて選択肢と照合していけば、たいていは消去法で答えが出ますよ。

 　　　　　　正解は **1**　　　　　　　

　正方形の頂点を図1のようにABCDとして、点Qが1辺を移動するごとの中点Mの位置を確認します。点Pは点Qの $\frac{1}{3}$ の速さで移動するので、点Qが正方形の1辺を移動する間に、点Pは1辺の $\frac{1}{3}$ の長さを移動することになります。

　まず、図2のように、点QがD（図のQ₁）まで移動したとき、点PはP₁まで移動し、このとき、中点Mの位置はM₁になります。これより、この点を通っていない、**選択肢2、3、4が消去**できます。

　この間の移動は、点PはAを出発してから**一定の速さでまっすぐ下へ**、点Qも同様に**まっすぐ右へ**移動していますので、中点Mもまっすぐ右下へ移動したことになり、Mの軌跡は図のような**直線**になります。

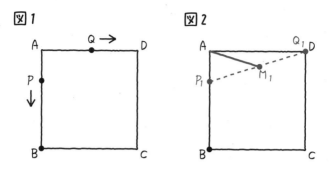

図1

図2

　次に、図3のように、点QがC（図のQ₂）まで移動したとき、点Pは
P₂まで移動し、このとき、中点Mの位置はM₂になります。

　この間の移動は、点Pは辺AB上を、点Qは辺DC上をそれぞれ**まっすぐ
下へ**進んでいますので、中点Mもその中間を**まっすぐ下へ**進むことになり、
選択肢5のように右寄りになることも、途中で曲がることもありません。
よって、ここで、**選択肢1の正解**がわかります。

　最後に、図4のように、点QがB（図のQ₃）まで移動したとき、点P
も同じB（図のP₃）まで移動し、このとき、中点MもB（図のM₃）の位
置になります。

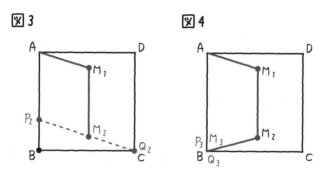

図3

図4

以上より、選択肢1が正解です。

No.3

　下の図のように、一辺の長さ a の正三角形が、一辺の長さ a の正方形 5 つでできた図形の周りを、矢印の方向に滑ることなく回転し、1 周して元の位置に戻るとき、頂点 P が描く軌跡の長さとして、正しいのはどれか。ただし、円周率は π とする。

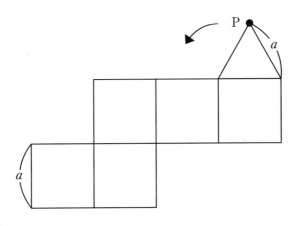

1 $\dfrac{25}{6}\pi a$　　**2** $\dfrac{29}{6}\pi a$　　**3** $\dfrac{31}{6}\pi a$

4 $\dfrac{35}{6}\pi a$　　**5** $\dfrac{37}{6}\pi a$

東京都 I 類 A　2017 年度

この問題は　**軌跡の長さを求める問題で、東京都や特別区で最近よく出題されています。**

解くための下ごしらえ

　特に下ごしらえは必要ありませんが、求めるのは頂点 P の軌跡の長さであることを確認しておきます。

目のつけ所

軌跡は円弧になり、これを描くこと自体は難しくありませんね。軌跡そのものを選ぶ問題であれば描かなくても消去法で簡単に解けそうですが、今回は長さを求めるので、とりあえず描いてみる必要がありそうです。

描いてみるとわかりますが、**いずれも半径aの円弧です。**たとえば、同じ半径で中心角60°の円弧と中心角120°の円弧は、組み合わせると中心角180°の円弧になりますので、円弧１つずつの長さを求めるのではなく、**中心角を合計して計算したほうがいいですね。**

解説　　　正解は **4**

1周して元の位置に戻るまでに、点Pは図の①〜⑧のような円弧を描きます。

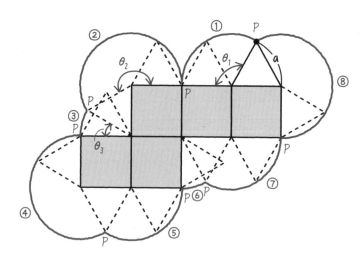

円弧の半径はすべて同じaですから、**中心角を合計して、円弧の長さの合計を求めます。**

174

　まず、①、⑤、⑦の中心角は、いずれも図のθ_1の大きさで、$180°-60°$ $=120°$です。

　同様に、②、④、⑧の中心角は、図のθ_2の大きさで、$360°-90°-60°$ $=210°$、③、⑥の中心角は、図のθ_3の大きさで、$90°-60°=30°$となり、①〜⑧の中心角の合計は、次のようになります。

$$120°\times3+210°\times3+30°\times2=1050°$$

これより、円弧の長さの合計は、次のように求められます。

$$2\pi a\times\frac{1050°}{360°}=\frac{35}{6}\pi a$$

公式！

円弧の長さ（半径r）$=2\pi r\times\dfrac{中心角}{360°}$

よって、選択肢 4 が正解です。

No.4

　下の図のように、直径aの円が長方形の内側を辺に接しながら1周したとき、円が描いた軌跡の面積として、正しいのはどれか。ただし、円周率はπとする。

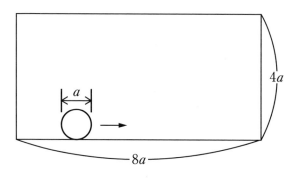

1 $(16 + \pi)\,a^2$　　**2** $\left(19 + \dfrac{\pi}{4}\right)a^2$　　**3** $\left(20 + \dfrac{\pi}{4}\right)a^2$

4 $\left(21 + \dfrac{\pi}{4}\right)a^2$　　**5** $(24 + \pi)\,a^2$

東京都Ⅰ類B　2018年度

この問題は　**軌跡の面積を求める問題で、「長さ」同様に計算して求めます。**

🌱 解くための下ごしらえ

　特に下ごしらえは必要ありませんが、求めるのは円が描いた軌跡の面積であることを確認しておきます。

目のつけ所

　円が長方形の内部を動くわけですが、4隅の部分には通れないすき間ができますね。辺に接して動くので、長方形の内側のほうも通れませんが、この部分の形はどうでしょう？
　まずは、きちんと図を描いてみましょう。

 **正解は 2**

　円が描く軌跡は図の色の付いた部分となりますので、これ以外の部分（図のグレーの部分）の面積を長方形の面積から引いて求めます。

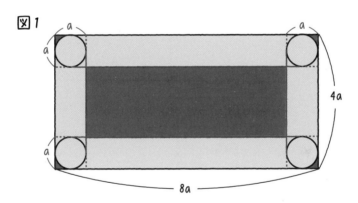

図1

　グレーの部分は、真ん中の長方形と四隅の部分に分けられます。
　まず、真ん中の長方形については、たてが$4a-a\times2=2a$、よこが$8a-a\times2=6a$ですから、面積は次のようになります。

$$2a\times6a=12a^2$$

また、四隅の部分は、4つ集めると図2のようになり、1辺aの正方形から、直径aの円を引いた面積となります。直径aの円の半径は$\dfrac{a}{2}$ですから、面積は次のようになります。

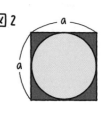
図2

$$a^2 - (\dfrac{a}{2})^2\pi = a^2 - \dfrac{\pi a^2}{4}$$

これより、円の軌跡の面積は、次のように求められます。

全体の長方形 － 真ん中の長方形 － 四隅の部分

$$= 4a \times 8a - 12a^2 - (a^2 - \dfrac{\pi a^2}{4})$$
$$= 32a^2 - 12a^2 - a^2 + \dfrac{\pi a^2}{4}$$
$$= 19a^2 + \dfrac{\pi a^2}{4}$$
$$= (19 + \dfrac{\pi}{4})a^2$$

よって、選択肢2が正解です。

No.5

　下図のように矢印の描かれた円が、固定された2つの円に接している。矢印の描かれた円が固定された円の周に沿って時計まわりに滑らずに回転し、1周してもとの位置に戻った時の矢印の向きとして、最も妥当なのはどれか。ただし、この3つの円の半径は等しいものとする。

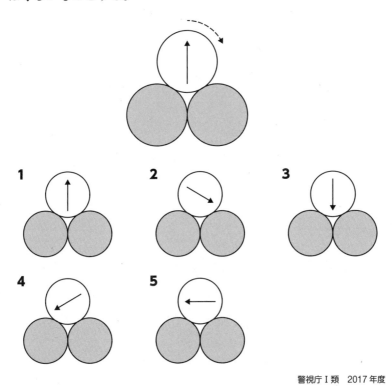

警視庁Ⅰ類　2017年度

 この問題は　**円の回転を考える問題です。**

解くための下ごしらえ

特に下ごしらえは必要ありませんが、円の回転数の公式は確認しておきましょう。

 目のつけ所

円の回転数の公式を使います。たとえば、図のように、円Aと円Bの半径の比が1：2で、AがBの外側を1周するとき、Aは、2＋1＝3（回転）し、内側を1周するときは、
2－1＝1（回転）します。

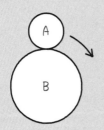

> 😠 **公式！**
>
> 円の回転数の公式
> 円Aの半径：円Bの半径＝1：mのとき、Aが
> Bの周に沿って回転するときのAの回転数
> ① AがBの外側を回転するとき
>   →（m＋1）回転
> ② AがBの内側を回転するとき
>   →（m－1）回転

本問では、矢印の描かれた円と固定された円の半径の比は1：1ですから、固定された円1個の周りを1周するなら1＋1＝2（回転）です。しかし、固定された円は2個ありますね。では、360°回って1周と考えると、ここでは何周したことになるでしょう？

正解は **4**

　図1のように、固定された2つの円をX、Y、矢印の描かれた円をZとします。まず、ZはYの周りを回転し、図のアの位置まで来ると、そこから先はXの周りを回転して元の位置まで戻ることがわかります。

図1

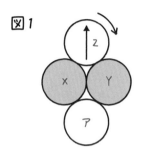

　ここで、図2のように、スタートの位置とアの位置のZの中心をそれぞれZ_1、Z_2とし、4つの円の中心を結びます。4つの円の**半径はすべて等しい**ので、中心同士を結んだ線の長さも等しく、図の2つの三角形はいずれも**正三角形**ですから、図3のように、$\angle Z_1YZ_2 = 60° + 60° = 120°$となります。

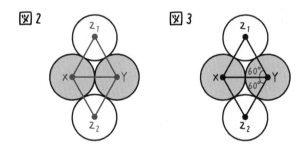

　これより、ZがYの周りをZ_1からZ_2に来るまで回った角度（$\angle Z_1YZ_2$の右側の角度）は、$360° - 120° = 240°$となり、1周は360°ですから、$\frac{240}{360} = \frac{2}{3}$（周）したとわかります。

　そうすると、「目のつけ所」で確認したように、ZはYの周りを1周す

るのに2回転ですから、$\frac{2}{3}$周では、$2 \times \frac{2}{3} = \frac{4}{3}$（回転）したことがわかりますね。

さらに、ZはXの周りを回転する方も同じく$\frac{4}{3}$回転していますので、合わせて、$\frac{4}{3} \times 2 = \frac{8}{3} = 2\frac{2}{3}$（回転）したことになります。

そうすると、矢印の向きですが、スタートから2回転して元の向きに戻り、そこから、さらに$\frac{2}{3}$回転すると、図4のような向きになるとわかります。

図4
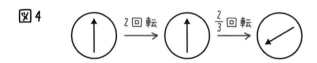

よって、選択肢4が正解です。

No.6

　下図のように、同一平面上で、直径 $3a$ の円 C に、A の文字が描かれた直径 a の円盤 A が外接し、B の文字が描かれた直径 a の円盤 B が内接している。円盤 A と円盤 B が、それぞれ、アの位置から円 C の外側と内側に接しながらすべることなく矢印の方向に回転し、円 C を半周してイの位置にきたときの円盤 A 及び円盤 B のそれぞれの状態を描いた図の組合せとして、正しいのはどれか。

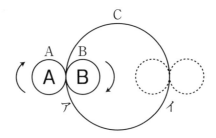

円盤A　円盤B

1 Ⓐ Ⓑ

2 Ⓐ Ⓑ

3 Ⓐ Ⓑ

4 Ⓐ Ⓑ

5 Ⓐ Ⓑ

東京都Ⅱ類　2004 年度

 この問題は **本問も、円の回転を考える問題です。**

解くための下ごしらえ

特に下ごしらえは必要ありません。

 目のつけ所

　本問も、円の回転数の公式を使いましょう。A、Bそれぞれ何回転してイの位置へ来るか調べればいいですね。

 　　　　正解は **1**　　　

　円A、Bと円Cの半径の比は1：3ですから、回転数の公式より、円Cに沿って1周する間に、円Aは3＋1＝4（回転）、円Bは3－1＝2（回転）します。

　これより、ア→イの半周では、円Aはちょうど2回転、円Bはちょうど1回転しますので、いずれも文字の向きは元に戻ります。

　よって、選択肢1が正解です。

第10章
立体図形

次の図のような展開図を立方体に組み立て、その立方体をあらためて展開したとき、同一の展開図となるのはどれか。

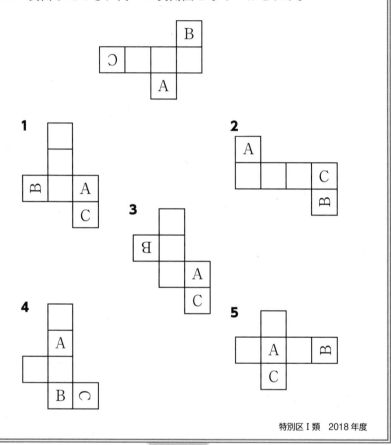

特別区Ⅰ類　2018年度

 この問題は 立方体の展開図の問題です。

解くための下ごしらえ

与えられた展開図と同じになるものを求める問題です。
特に下ごしらえは必要ありません。

 目のつけ所

　展開図の重なる辺を調べて面を移動させ、わかりやすい図に変形して考えましょう。ポイントはＡ、Ｂ、Ｃの位置関係ですよね。3文字すべてを完全に付け合わせなくても、2文字の位置関係を見ながら選択肢を消去していけばOKです。

 解説　　　正解は **3**

　与えられた展開図を組み立てたときに重なる辺を、ルールに従って調べます。

┌─────────────────────┐
│ 🐼 ルール！ │
│ 展開図で重なる辺 │
│ 1 最小の角をなす辺 │
│ 2 その隣同士の辺 │
└─────────────────────┘

　立方体の展開図の辺がなす角で最小なのは90°ですから、ルール1より、図1の①～③の辺が重なるとわかります。

　さらに、ルール2より、図1の①の隣同士である④、②の隣同士である⑤がそれぞれ重なりますが、③の隣同士である⑥は重なりません（Ａと※の面は③で重なっています。1組の面で2組以上の辺が重なることはありません）。そして、さらに④の隣同士の⑦、その隣同士の⑧が重なるとわかります。

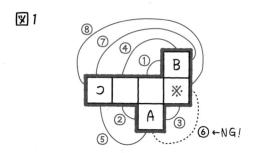

図1

　これより、⑤の辺を重ねるように、Cの面をAの下へ移動させると、図2のように、AとCは縦に並ぶとわかり、選択肢の展開図がこの位置関係を満たしているか確認します。

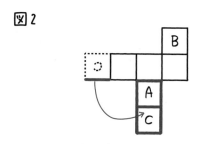

図2

　選択肢1、3、5は、すでにAとCがこのような並びになっているのがわかります。しかし、選択肢2と4は、それぞれ図3のAの下の面（色の付いた面）にCが描かれていませんので、ここで合致しないことがわかり、消去できます。

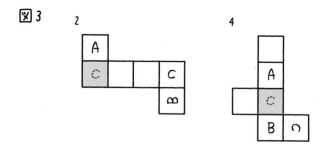

図3

　次に、図1の①が重なるようにBの面を移動すると、図4のように、AとBは1面を間にはさんで並ぶとわかります。さらに、文字の向きですが、

図5のように、間の1面（図5の色の付いた面）に対して、Aは頭を、Bは背を向けていますので、この位置関係を満たすか確認します。

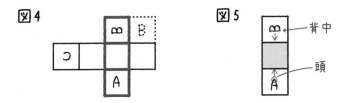

まず、選択肢1について、図6のように、Aの面を移動させる（A頭の辺と90°をなす辺を重ねる）と、図の色の付いた面がAとBの間の1面と当たることになります。しかし、この面の隣にBの面を移動させると、図のように、Bはこの面に**背を向ける向き**にはなりませんので、ここで合致しないとわかります。

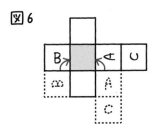

同様に、選択肢3、5も、それぞれ図7、8のように面を移動させると、選択肢3はAとBの面の位置関係が合致しますが、**選択肢5は合致しない**とわかります。

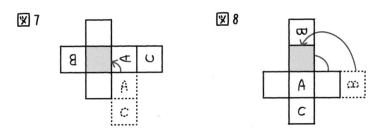

よって、選択肢3が正解です。

No.2

以下の図は2つの矢印が描かれた正八面体の展開図である。組み立てたときにできる正八面体のうち他と異なるものとして、最も妥当なのはどれか。

1

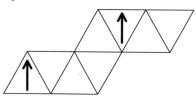

2

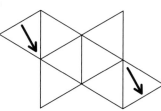

3

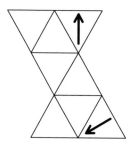

4

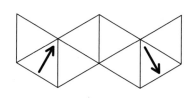

5

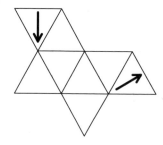

警視庁 I 類　2017年度

この問題は　**正八面体の展開図の問題です。**

解くための下ごしらえ

他と異なる図形を求める問題ですね。
特に下ごしらえは必要ありません。

 目のつけ所

　まず、組み立てて正八面体になる展開図かどうかを確認します。重なる辺の先へ面を移動させて、次図①のように、上から1面、6面、1面の形になるか、あるいは、②のように、1頂点（P，Q）に4面集まる形が2組あるかが確認できればOKです。本問ではいずれも大丈夫のようですね（選択肢1は解説のように面を移動すると②の形が確認できます）。

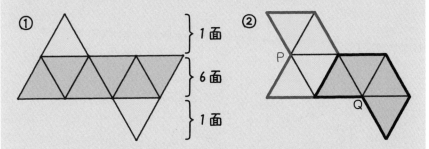

　そうすると、問題はやはり矢印ですね。2本の矢印の位置関係がわかるよう、矢印の描かれた2面が隣り合うように、面を移動してみましょう。

正解は **1**

　正八面体の展開図の辺がなす角で最小なのは120°ですから、ルールに従って、図のように、それぞれの展開図の重なる辺を調べ、色の付いた面を移動して、矢印の描かれた2面を並べます。

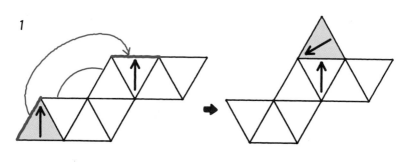

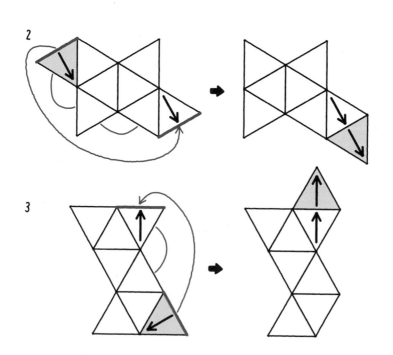

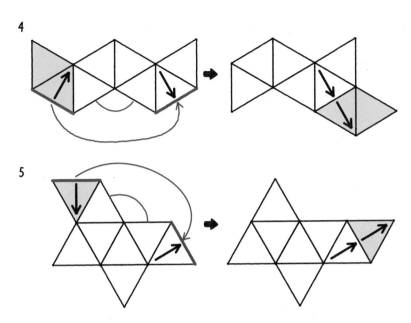

　これより、**選択肢 1 以外**は、2 本の矢印が**同じ方向**に向かって一直線に並ぶ位置関係になりますが、選択肢 1 だけは異なるのがわかります。

　よって、選択肢 1 が正解です。

立方体の各辺の中点を結んでできる立体がある。この立体の正面から見える2面に、図のように矢印と●の模様をつけた。展開図において、●の位置として正しいのはア〜オのうちどれか。

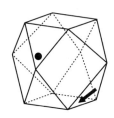

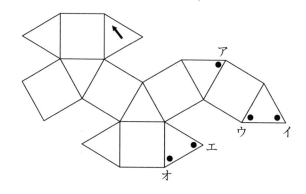

1 ア　　**2** イ　　**3** ウ　　**4** エ　　**5** オ

裁判所職員　2018年度

この問題は　やや複雑な立体の展開図ですが、基本は立方体などと同じです。

解くための下ごしらえ

与えられた立体の展開図で●の位置を求める問題です。
特に下ごしらえは必要ありません。

目のつけ所

　「立方体の中点を結んでできる立体」とありますが、あまり気にする必要はありません。要するに、立方体という規則正しい立体からできた図形ということを考えると、図にある三角形は正三角形ですし、四角形は正方形ですよね。そして、１頂点の周りには正三角形２面と正方形２面が集まる構成であることが確認できますね。

　調べるのは●の位置ですが、手掛かりは矢印との位置関係しかないでしょう。●の描かれた面と矢印の描かれた面は１枚の正方形を間に挟んで並びますので、この３面の位置関係から考えてみましょうか。

 正解は **4**

　図１のように、矢印の描かれた正三角形をABCとし、これと辺ACを共にする正方形（図のグレーの正方形）をACDEとすると、●の描かれているのは、正方形ACDEと辺DEを共にする正三角形（図の色の付いた正三角形）の頂点Eの部分と確認できます。

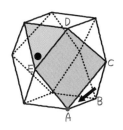

　ここで、与えられた展開図で重なる辺を調べると、最小の角度は図２の①の４か所で、まずここが重なり、次いでその隣同士が重なります。

　そうすると、矢印の描かれた正三角形ABCと辺ACを共にする正方形は、図のグレーの正方形となり、これと辺DEを共にする正三角形は、図の色の付いた正三角形とわかります。

図2

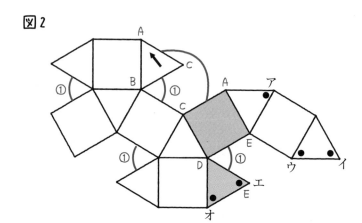

これより、頂点Eの部分に描かれた●は、**エの位置**となり、選択肢4が正解です。

No 4

1cm×1cm×2cmの直方体を3つ組み合わせて立体Xを作り、様々な方向から見て平面図や側面図などを描いた。①〜⑧の図のうち、この立体Xを描いたものとしてあり得ないものはいくつあるか。なお、底面側から見たり、図を回転させてもよいものとする。

【立体X】

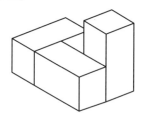

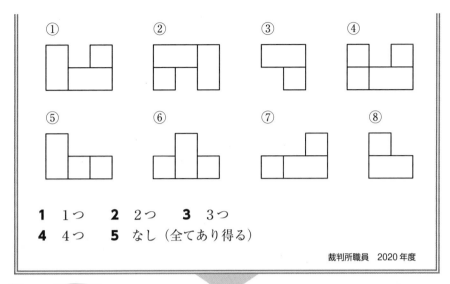

1　1つ　　**2**　2つ　　**3**　3つ
4　4つ　　**5**　なし（全てあり得る）

裁判所職員　2020年度

この問題は　**投影図の問題です。**

解くための下ごしらえ

立体の各方向からの見え方を考える問題です。
特に下ごしらえは必要ありません。

目のつけ所

　①〜⑧のそれぞれについて直接考えていってもいいですが、単純な図形なので、まず、投影図を描いてみるのもいいでしょう。好きな方で解いてOKです。
　本問は、裁判所の問題にときどきある「いくつあるか」という出題形式で、1つ間違えたらおしまいという危険な問題ですね。慎重に丁寧に数えるようにしましょう。

正解は **2**

3つの直方体を図1のようにア〜ウとします。

図1

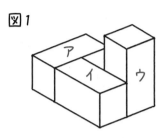

これより、6方向それぞれから見た図を描くと、図2のようになります。

図2

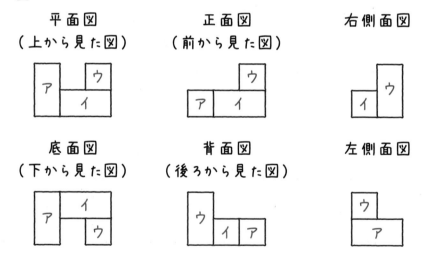

平面図
（上から見た図）

正面図
（前から見た図）

右側面図

底面図
（下から見た図）

背面図
（後ろから見た図）

左側面図

これらと①〜⑧を照らし合わせると、まず、①は平面図と合致し、②は平面図を180度回転させた図と合致します。

また、⑤は背面図、⑦は正面図、⑧は左側面図とそれぞれ合致し、③も、右側面図または左側面図を回転させた図と合致します。

残るのは④と⑥ですが、まず、④は平面図が近いですが、図3のように
余計な線があり、⑥は正面図または背面図が近いですが、図4の色の付い
た部分が真ん中に見えることはありません。

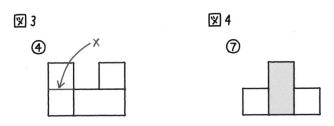

よって、あり得ないのは2つで、選択肢2が正解です。

No.5

　同じ大きさの立方体27個を隙間なく積み重ねて、右のような大きな立方体を作った。これから、小さな立方体をいくつか取り除いてできた立体を、①及び②の矢印の方向から見たところ、それぞれ図Ⅰおよび図Ⅱのようになった。このとき、残った立方体の個数として考えられる最小の個数はいくらか。

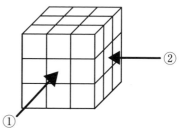

　ただし、上部の立方体が取り除かれない限り、その真下に位置する立方体を取り除くことはできないものとする。

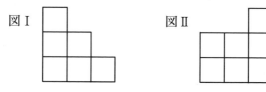

図Ⅰ　　　　　　　　　　　　図Ⅱ

1　8個　　**2**　10個　　**3**　13個　　**4**　16個　　**5**　18個

国家一般職　2015年度

この問題は　積み木の投影図の問題です。

 解くための下ごしらえ

①から図Ⅰのように、②から図Ⅱのように見える図形ですね。
求めるのは立方体の最小個数であることを確認しておきます。

目のつけ所

　本問も平面図で作業しますが、一段スライスにする必要はありません。1枚の平面図にそれぞれの場所に積み上げられている**立方体の個数**を書き込んでいけばいいのです。

　①、②のそれぞれの見方を満たすには、立方体がどこにいくつあればいいかを考えるのですが、求めるのは「最小個数」ですから、**必要最小限でOK**です。つまり、余計な立方体は置かないように気をつけて作業しましょう。

解説　　正解は **1**

　図1のような平面図にそれぞれの部分に残っている**立方体の個数**を書き込みます。

　図のように、平面図の9か所をA〜Iとし、下に①、右に②のそれぞれの方向から**見える個数**を、図Ⅰ、Ⅱをもとに記入します。

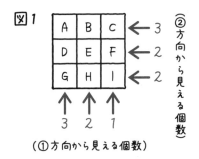

図1

（②方向から見える個数）

（①方向から見える個数）

　本問は**最小個数**を求めるので、立方体の個数をできるだけ少なくするよう考えます。

　まず、①の方向から見て左の列に**3個**見えるので、A、D、Gのどこか1カ所には3個の立方体がありますが、それは②から見ても3個見えるので、**Aに3個**あるとわかります。

また、②から見て2個が見える2列には、それぞれどこか1か所には2個の立方体がありますが、①から見ても2個見える真ん中の列のEとHに2個あれば、それぞれの方向からの見え方を満たします。

　さらに、①から見て1個だけが見える列のC、F、Iには、どこか1か所に1個の立方体があればよく、たとえばCに1個の立方体があれば、①からの見え方を満たします。

　これより、ここまでを図2のように表すと、残るB、D、F、G、Iには立方体がなくても条件を満たすことがわかります。

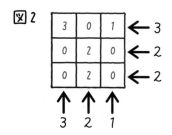

　なお、Cの1個はFまたはIでも構いませんし、EとHの2個もいずれか片方が、E→D、H→Gに替わっても構いません。

　いずれにおいても、最小の立方体の個数は8個とわかり、正解は選択肢1です。

No 6

　下図の点線を山にして折り組み立てたサイコロを、下面の目の数が4になるように平面上に置き、北へ1回、西へ1回、それぞれ90°ずつ回転させたときの下面の目の数は1であった。このサイコロを、そこから更に南へ2回、東へ1回、それぞれ90°ずつ回転させたとき、上面にくる目の数として、正しいのはどれか。

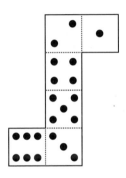

1 1　　**2** 2　　**3** 3　　**4** 4　　**5** 5

東京都Ⅰ類A　2016年度

この問題は サイコロの目の配置を推理する問題です。

解くための下ごしらえ

サイコロの向かい合う面について確認します。
立方体は、次図のAとBのような位置関係の面が向かい合います。

　これより、与えられた展開図の向かい合う面をみると、目の数の和が7になるサイコロであることが確認できますね。

次に、サイコロの目をわかりやすく整理するため、位相図を用意します。立方体の位相図は次のようになります。

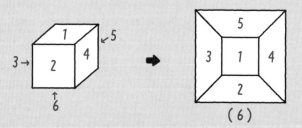

これより、はじめに4の目を下面に置き、北へ1回、西へ1回、回転させたところまでの位相図を用意します。下面と向かい合う上面の数も記入して、次のようになりますね。

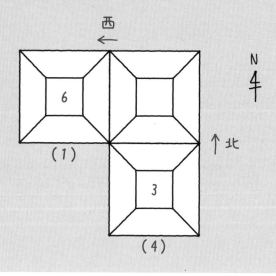

目のつけ所

　位相図は、それほど丁寧に描かなくても、目の数を記入できれば十分です。また、不要な部分の数まで入れる必要もありません。
　サイコロの目は、**向かい合う面、1頂点に集まる面の並び方**などを手掛かりにすれば、たいていは判明するものです。

　正解は **5**

　はじめの位置で、下面にあった4と上面の3は、北へ1回、さらに、西へ1回、回転させたところで、図1の位置に来ます。この位置での下面は1、上面は6ですから、図のXとYの2面は、2と5のいずれかとなります。

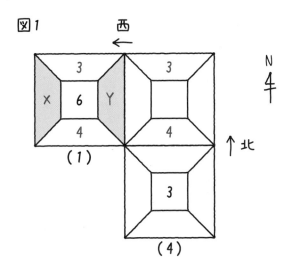

　ここで、図2のように、頂点Pの周りに集まる3面の位置関係に着目すると、6→3→Xと反時計回りに並ぶことがわかります。これより、ここに当たる部分を展開図で確認すると、図3のように、6→3→5と反時計回りに並ぶことから、X＝5、Y＝2とわかります。

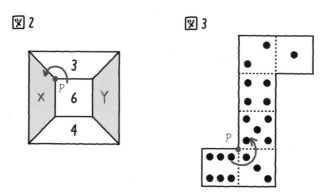

図2　　　　　図3

　そうすると、ここからさらに南へ2回、東へ1回、回転させたときの上面は、図4のように5の面とわかりますが、ここまで描かなくても、答えがわかる最小限の作業で十分です。

図4

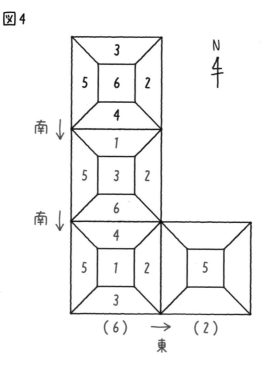

よって、選択肢5が正解です。

No7

　向かい合った面の目の和が7になるサイコロが5つある。この
サイコロを、接する面の数の和が6になるように下の図のように
貼り合わせた。このとき、Xの面の目はいくつか。

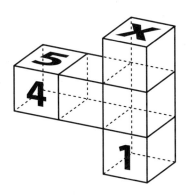

1　2　　**2**　3　　**3**　4　　**4**　5　　**5**　6

裁判所職員　2016年度

この問題は　**本問も、サイコロの目の配置を推理する問題です。**

解くための下ごしらえ

条件を整理しておきます。
　　向かい合う面の目の和は7
　　接する面の目の和は6
　Xの面の目は？

4つのサイコロの位相図を描いて、目の数を記入していきましょう。

　向かい合う面の目の和は7に、接する面の目の和が6にという条件を、いずれのサイコロにおいても満たすように記入します。

　接する面の和が6ということは、そこには「6」の目は使われていない（「6」と接する面は「0」になってしまいます）などに気をつけながら作業していきましょう。

正解は **5**

　図1のように、正面から見た5つのサイコロの位相図を描いて、見えている目の数を記入し、その他の面を図のように①～⑦とします。

図1

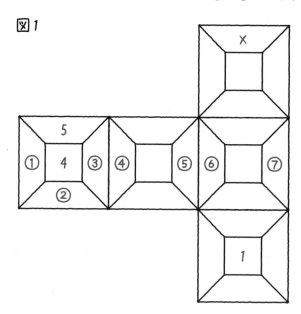

　まず、左端のサイコロについて、5の向かいの②は、条件より2となり、4の向かいの底面は3となります。

　そうすると、①と③は１または６ですが、条件より、③＋④＝６ですから、③が６だと④に当たる目がありませんので、①が６、③が１で、④は５とわかります。

　さらに、同様に、⑤は２、⑥は４、⑦は３とわかり、ここまでで図２のようになり、残る面の目を図のように⑧〜⑪とします。

図2

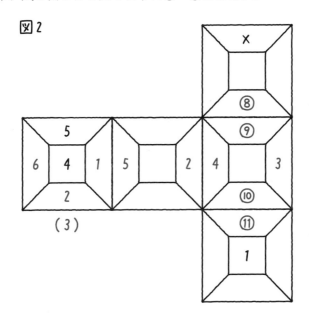

（3）

　ここで、図２の⑨と⑩の目について考えると、１と６、または、２と５のいずれかの組合せになりますが、１と６の場合、⑨と⑩のいずれかが６となり、やはり⑧と⑪のいずれかに当たる目がなくなります。

　よって、⑨と⑩は２と５の組合せとなりますが、⑩が５だと⑪は１となり、同じサイコロに１の目が重複してしまいます。

　これより、⑩は２、⑨は５、⑧が１となり、図３のように、その向かいのＸは６とわかり、選択肢５が正解です。

図3

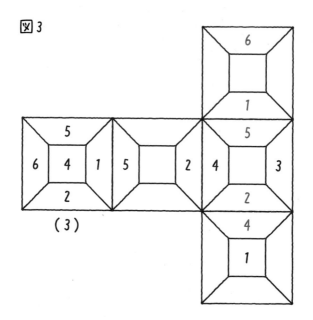

（3）

No 8

次のア〜カのうち、立方体を1つの平面で切断したときの切断
面として現れることのない図形を正しく示したのはどれか。
ア　二等辺三角形　　イ　長方形　　　ウ　ひし形
エ　正五角形　　　　オ　正六角形　　カ　正八角形

1 ア、エ　　**2** イ、ウ　　**3** ウ、オ
4 エ、カ　　**5** オ、カ

この問題は　　立方体の切断面を考える問題です。

解くための下ごしらえ

　立方体を1つの平面で切断したとき切断面として現れない図形を探す問題です。

　特に下ごしらえは必要ありません。

 ## 目のつけ所

　立方体を1つの平面で切断したときに現れる図形はたくさんありますので、知識として、現れることのない図形のほうを覚えておくといいでしょう。

　代表的なのは、直角三角形、正五角形、七角形以上の図形です。また、四角形は、最小でも1組の対辺は平行になりますので、ただの四角形（平行な辺を全く含まない四角形）も現れることはありません。

正解は **4**

　立方体には面が6枚しかありませんので、切断面として現れる多角形は六角形までで、七角形以上になることはありません。したがって、八角形は現れません。

　また、五角形については、たとえば、図1のような五角形は現れますが、全ての内角が108°になるように切断することは不可能で、正五角形になることはありません。

図1

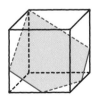

よって、現れることのない図形はエとカで、選択肢4が正解です。
ちなみに、その他の図形は、たとえば図2のようになります。

図2

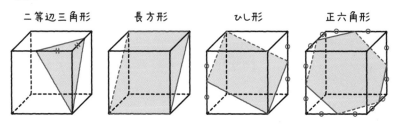

二等辺三角形　　長方形　　　ひし形　　　正六角形

No.9

　20個の同じ大きさの立方体を貼り合わせて、上下左右前後のど
の方面から眺めても図Ⅰの形に見える図Ⅱのような立体を作っ
た。図Ⅱの立体を頂点A、B、Cを通る平面で切ったときの断面と
して最も妥当なのはどれか。

図Ⅰ　　　　　　　　　　図Ⅱ

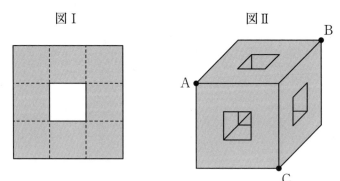

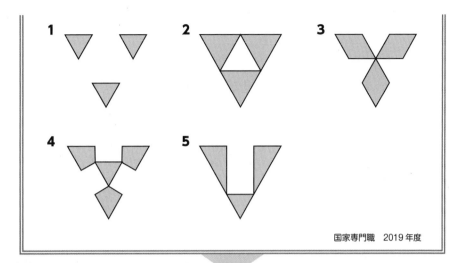

国家専門職　2019 年度

この問題は **積み木を切断する問題です。**

解くための下ごしらえ

立体を一段ずつスライスして平面図を作成します。条件より、次のように
なりますね。

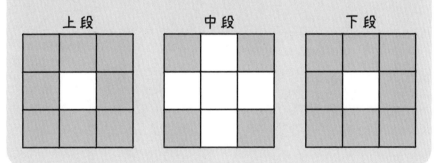

目のつけ所

　各段の平面図に切断面を描き入れていきます。まず、各段の境目で切断面が通る点を確認しましょう。本問は、切断面の形状を選ぶわけですから、最後まで描かなくても、選択肢から答えを選ぶことができるかと思います。

　　　正解は **3**　　　

　切断面は、A、B、Cを結んで、図1のような図形になります。上から3段に分けて考えると、図のP、Qまでが上段、R、Sまでが中段になりますね。

図1

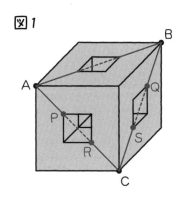

　これより、各段の平面図に切断される部分を描きます。
　まず、上段については、ABからPQまでで、切断面は図2の色の付いた部分で、平行四辺形（切断面の形状はひし形）が2つ現れるのがわかります。選択肢の中で、この形状と一致するのは肢3のみですね。
　さらに、中段は、PQからRSまで、下段はRSからCまでで、それぞれ図3、4のように三角形の切断面が現れ、合わせると1つの四角形（切断面の形状はひし形）になるのがわかります。

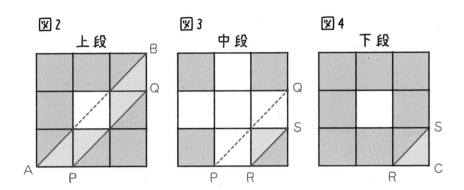

よって、選択肢 3 が正解です。

第11章

暗　号

ある暗号で「庚火・壬木・甲火・戊水・辛土・庚金」が「みらいのゆめ」と読めるとき、暗号「丁水・乙金・甲火」が表すものとして、最も妥当なのはどれか。

1 こけい　　**2** こせい　　**3** こてい

4 そせい　　**5** とけい

東京消防庁Ⅰ類　2018年度

この問題は **かな文字の暗号の問題です。**

解くための下ごしらえ

　文字数の対応を確認しておきます。
　暗号は漢字2文字が6組で、「みらいのゆめ」はひらがな6文字ですから、かな1文字に暗号1組と考えられますね。

目のつけ所

　暗号の文字は難しい漢字が多いですね。読めますか？　でも、もちろん、漢字の知識を問うわけではないので読めなくてOKです。
　かな文字の暗号は、行（あかさたな…）と段（あいうえお）を表すものの組合せでできていることが多いですね。本問の暗号は漢字2文字です。さて、どのような組合せでしょう？

正解は **5**

「みらいのゆめ」は、かな6文字で、これを表す暗号も漢字2文字の組合せが6組ですから、次のように対応するとわかります。

み	ら	い	の	ゆ	め
庚火	壬木	甲火	戊水	辛土	庚金

暗号を表す2つの漢字の左側は難しい字が多いですが、右側は火、木、金など曜日を表す字で、同じ「い段」の「み」と「い」がいずれも「火」であることから、**右側の漢字が段を表す**と推測でき、対応する字を調べると次のようになります。

あ段　→「ら」→木
い段　→「み」「い」→火
う段　→「ゆ」→土
え段　→「め」→金
お段　→「の」→水

そうすると、**左側の漢字が行を表す**と推測できますので、ここで50音表を作成し、対応する漢字を記入すると表1のようになります。

表1

	甲			戊		庚	辛	壬	
木								ら	
火	い					み			
土							ゆ		
金						め			
水				の					

表1より、行を表す漢字の1番目が「甲」であり、また、問われている暗号の左側の漢字に「丁」や「乙」があることから、「甲」の次は「乙」と推測できます。

これより、「甲」→あ行、「乙」→か行とすると、「乙金」は「け」を表しますから、**選択肢1と5に絞られます**が、このとき、「こ」は「乙水」と表されるはずですので、**選択肢1は消去でき、選択肢5が正解となります**。

ちなみに、「甲乙丙…」は十干という10個の要素で、表2の10文字から構成されますが、この知識もなく読み方もわからなくても、暗号は解読できるよう作られています。

表2

	甲	乙	丙	丁	戊	己	庚	辛	壬	癸
木									ら	
火	い					み				
土								ゆ		
金							め			
水					の					

No.2

　ある法則の暗号で、「レタス」は「E４L，B１R，B３L」、「オクラ」は「A５L，A３R，E１L」と表されるとき、同じ法則の暗号で「コマツナ」を表したのはどれか。

1 「A５R　D１R　B３R　C１L」
2 「A５R　D１R　D３R　C１L」
3 「A５R　D１L　B３R　C１L」
4 「A５R　D１L　D３R　E１L」
5 「A５R　D１R　B３R　E１L」

この問題は　**本問も、かな文字の暗号の問題です。**

解くための下ごしらえ

　本問も、文字数の対応を確認します。
　「レタス」「オクラ」を表す暗号は、アルファベット２と数字１の組合せがそれぞれ３組です。「レタス」「オクラ」はいずれもカタカナ３文字ですので、かな１文字に暗号１組と考えられますね。

目のつけ所

　かな文字の暗号ですから、ここでも、行と段を表す仕組みを考えます。
　ただ、本問の暗号は３文字ありますね。アルファベットは２文字ですから、数字のほうがわかりやすいかもしれません。あとは、アルファベット２文字をどう考えるかですね。

正解は **3**

「レタス」「オクラ」はいずれも**カナ3文字**で、これを表す暗号も**アルファ
ベットと数字の組合せが3組**ですから、次のように対応するとわかります。

レ	タ	ス	オ	ク	ラ
E4L	B1R	B3L	A5L	A3R	E1L

　まず、暗号の真ん中の**数字**に着目すると、**ア段**の「タ」「ラ」が1、**ウ
段**の「ス」「ク」が3、**エ段**の「レ」が4、**オ段**の「オ」が5であること
から、この数字が段を表し、**ア→オ**が1→5に対応すると推測できます。
　そうすると、前後の**アルファベット**が行を表すと推測できますが、アル
ファベットの特徴を見ると、前の文字は**E、B、A**というアルファベット
の前方の文字で、後ろの文字は**RとL**の2種類とわかり、この組合せを50
音表の対応する位置に記入すると、表1のようになります。

表1

	A/L	A/R	B/L	B/R				E/L	
1				タ				ラ	
2									
3		ク	ス						
4								レ	
5	オ								

　表1より、行を表すアルファベットは、A、B、C…のそれぞれについ
て、L（左）とR（右）を組み合わせたものと考えられ、これに従って表
を埋めると表2のようになります。

222

表 2

	A/L	A/R	B/L	B/R	C/L	C/R	D/L	D/R	E/L	E/R
1				タ					ラ	
2										
3		ク	ス							
4									レ	
5	オ									

これより、「コマツナ」を表す暗号は次のようになります。

```
　コ　　　マ　　　ツ　　　ナ
A5R　D1L　B3R　C1L
```

よって、選択肢 3 が正解です。

No3

　地名についての暗号で、「アタゴ」が「000，034，000，011，024」、「オトワ」が「024，034，024，042，000」と表されるとき、同じ暗号の法則で「スミダ」を表したのはどれか。

1　「020，013，023，040，034，000」
2　「033，013，001，040，044，000」
3　「033，013，022，040，032，000」
4　「033，040，022，013，003，000」
5　「044，040，033，013，022，000」

特別区Ⅰ類　2005 年度

この問題は　**アルファベットの暗号の問題です。**

解くための下ごしらえ

　文字数の対応を確認します。
　「アタゴ」「オトワ」を表す暗号は、3桁の数字がそれぞれ5個ですが、
「アタゴ」「オトワ」はいずれもカタカナ3文字で、字数が合いませんね。
　では、アルファベットに直してみましょう。「ATAGO」「OTOWA」だ
と文字数が合いますね。

目のつけ所

　アルファベット1文字に暗号の数字1個が対応すると推測できます。
「A」に対応するのがいずれも「000」なので間違いないでしょう。あとは、
その規則性ですが、まずは、アルファベット26文字を並べて対応する暗号
を記入してみましょう。使われている数字は限られていることに気が付き
ませんか?
　ちなみに、アルファベットを並べるときは、前半（A～M）と後半（N
～Z）に分けて2段に並べるのがおススメです。前後半で規則性がちょっ
と変わることもたまにありますからね。

正解は **4**

　「アタゴ」「オトワ」はいずれもカナ文字だと3文字ですが、暗号はいず
れも5つの数字で表されていますので、**アルファベットに直すと次のよう**
に対応するのがわかります。

「アタゴ」 →	A	T	A	G	O
	000	034	000	011	024

「オトワ」 →	O	T	O	W	A
	024	034	024	042	000

　これより、アルファベットを書き並べて、対応する暗号を記入すると、図1のようになります。

図1

A	B	C	D	E	F	G	H	I	J	K	L	M
000						011						

N	O	P	Q	R	S	T	U	V	W	X	Y	Z
	024					034			042			

　暗号の数字は、「A」の「000」から始まって後半へ行くほど大きくなりますが、10進法でナンバーを振ると000 〜 025ですから、これではないことがわかります。

　これより、10進法以外の数の可能性を考えると、**使われている数字が0 〜 4**であることから**5進法**と推測し、これに従って数値を埋めると図2のようになります。

図2

A	B	C	D	E	F	G	H	I	J	K	L	M
000	001	002	003	004	010	011	012	013	014	020	021	022

N	O	P	Q	R	S	T	U	V	W	X	Y	Z
023	024	030	031	032	033	034	040	041	042	043	044	100

　よって、図2のような対応とわかり、「スミダ」を表す暗号は次のようになります。

「スミダ」 →	S	U	M	I	D	A
	033	040	022	013	003	000

　これより、選択肢4が正解です。

A～Jのアルファベットを二つ組み合わせて、ある法則に従って0～99までの数字を表したとき、ADが3、AJが5、CHが27、GEが84となった。この法則に従って、FBとIGの差を表したものとして、妥当なのはどれか。

1 BG **2** CD **3** DH **4** EJ **5** FF

特別区Ⅰ類　2007年度

この問題は　本問も、アルファベットの暗号ですが、ちょっと変わっています。

解くための下ごしらえ

本問は、とりあえず、条件を整理しておきましょう。
　A～Jのアルファベット2つ→0～99を表す
　AD→3　AJ→5　CH→27　GE→84
FBとIGの差は？

目のつけ所

　A～Jの10個で数字を表すわけですね。これが3個なら3進法、5個なら5進法とかを疑ってみるわけですが、10個ですから10進法でしょうか。そうすると、この10個のアルファベットは、0～9のどれかの役割を果たしていることになりますね。

正解は **2**

A〜Jのアルファベットの個数は10個ですから、これらで0〜99を表すということは、10個のアルファベットが0〜9のいずれかの数字に対応すると推測できます。

アルファベットはいずれも2つ組み合わせますので、数字は2桁の数として表すと、次のように対応するのがわかります。

A	D		A	J		C	H		G	E
↓	↓		↓	↓		↓	↓		↓	↓
0	3		0	5		2	7		8	4

これより、A〜Jを並べて対応する数字を書き入れると、図1のようになります。

図1

A	B	C	D	E	F	G	H	I	J
0		2	3	4		8	7		5

図1において、A→Eについては、数字は昇順で0→4に対応し、Bは1と推測できます。

しかし、後半については数字が降順になっているのがわかり、Jが5であることから、F→Jは9→5に対応し、図2のようになると推測できます。

図2

A	B	C	D	E	F	G	H	I	J
0	1	2	3	4	9	8	7	6	5

よって、「FB」は「91」、「IG」は「68」を表すことになり、その差は91−68＝23ですから「CD」となり、選択肢2が正解です。

第12章
操作・手順

同じ大きさの金貨が240枚あり、1枚だけ偽物の金貨が紛れ込んでいる。本物の金貨はみな同じ重さだが、偽物は本物に比べて少しだけ軽い。上皿てんびんを用いて、偽物の金貨を見つける場合、最少で何回使用すればよいか。ただし、偶然見つかった場合は最少回数とはしない。

1 5回　　**2** 6回　　**3** 7回　　**4** 8回　　**5** 9回

この問題は **てんびんの最少使用回数を公式から求める問題です。**

解くための下ごしらえ

　てんびんの使用回数の公式を確認します。

　本問のように、いくつかの物の中から1個だけ重さが軽い（または重い）偽物を探すときは、下図のA、B、Cのように3つのグループに分けて、AとBをてんびんで比較することで、どのグループに偽物があるかを特定できます（AとBは同じ個数を載せること）。

🐼 **公式！**

てんびんの最少使用回数
いくつかの中に重さの異なる偽物が1個だけで、それが本物より重いか軽いかがわかっているとき

～3個	→	1回
4～9個	→	2回
10～27個	→	3回
28～81個	→	4回
～3^n個	→	n回

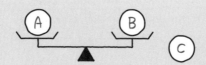

　2個から探すなら、AとBに1個ずつ載せると偽物がわかりますね。3個から探すならA、B、Cに各1個で、AとBが釣り合わなければ軽いほ

う（偽物が他より重いなら重いほう）が偽物で、AとBが釣り合ったらC
が偽物です。

　また、4〜9個から探すなら、3個以下のグループ3つまでに分けて同
様に比較すると、偽物がどのグループにあるかわかりますので、そのグルー
プの中であと1回操作すれば偽物が特定できます。

　さらに、10〜27個なら、9個以下のグループ3つまでに分けて同様に
比較すると、偽物がどのグループにあるかわかり、9個以下に絞れますの
で、あと2回の操作で特定できます。

　同様に考えると、公式のようになるのがわかりますね。

目のつけ所

　本問は、偽物が1枚で、本物より軽いわけですから、使用回数の公式が
使える条件を満たしていますね。

　金貨の枚数は240個でけっこう多いですから、ミスのないよう公式に当
てはめてみてください。

　正解は **1**　

　本問は、偽物が本物より軽いとわかっていますので、てんびんの使用回
数の公式で求めることができます。

　$3^4 = 81$、$3^5 = 243$より、$3^4 < 240 < 3^5$ですから、公式より、5回で見つ
けることができ、正解は選択肢1です。

　たとえば、以下のように操作します。

1回目　240個を80個ずつ3つに分け2つをてんびんで比較する
　　　　→　どこに偽物があるか判明する

2回目　80個を27個、27個、26個に分け、27個の2つをてんびんで比較
　　　　する　→　どこに偽物があるか判明する

3回目　27個なら、9個ずつ3つに、26個なら、9個、9個、8個に分けて、9個の2つをてんびんで比較する
　　　　→　どこに偽物があるか判明する

4回目　9個なら3個ずつ、8個なら3個、3個、2個に分けて、3個の2つをてんびんで比較する
　　　　→　どこに偽物があるか判明する

5回目　3個ならそのうちの2個、2個ならその2個をてんびんで比較する　→　どれが偽物か判明する

No.2

　見た目は同じである9個の重りA〜Iがある。このうち、8個の重さは同じだが1個だけ他と重さが異なるものがある。いま、ここから6個を選び、上皿てんびんの左右の皿へ3個ずつのせて重さを比較する操作を2回行ったところ、その結果は次のようになった。

　　1回目　左にA、B、C、右にD、E、Fをのせたところ、
　　　　　　左のほうが重くなった。
　　2回目　左にB、G、H、右にA、C、Iをのせたところ、
　　　　　　左のほうが重くなった。

　この結果から、重さが異なる1個が判明したが、それはどれか。

1 A　　**2** B　　**3** E　　**4** G　　**5** H

この問題は　てんびんの操作結果から推理する問題です。

解くための下ごしらえ

1回目と2回目の操作の結果を、見やすく書き直します。

1回目　(A, B, C)＞(D, E, F)
2回目　(B, G, H)＞(A, C, I)

 目のつけ所

　本問は公式を使う問題ではありませんね。与えられた条件から考えることになります。
　偽物は本物より重いのか軽いのかわかりませんが、てんびんが釣り合わないということは、てんびんに載っている6個の中にあるということですよね。

 　　　　正解は **2**　　　　

　重さが異なるのは1個だけで、1回目も2回目も左右が釣り合わなかったということは、2回ともその6個の中に重さの異なる1個が含まれていたことになります。
　そうすると、1回目の操作で使われていないG、H、Iと、2回目の操作で使われてないD、E、Fは、その1個ではないことになり、残るA、B、Cのいずれかとわかります。
　すなわち、1回目の操作の左側にその1個が含まれていたわけで、左のほうが重くなったことから、その1個は他の8個より重いとわかります。
　これより、2回目の操作でも、その1個は重いほう（左側）に含まれていたことになり、A、B、Cのうちで2回目も左側にのせたのはBだけですから、Bがその1個とわかります。
　よって、正解は選択肢2です。

No 3

　100枚のカードがあり、これをAとBの2人が交互に2〜6枚のいずれかの枚数を取っていき、取るカードがなくなったほうを負けとする。最初にAから始めるとき、ある枚数のカードを取れば必ず勝つことができるが、その枚数はどれか。

1 2枚　　**2** 3枚　　**3** 4枚　　**4** 5枚　　**5** 6枚

この問題は　**ゲームの必勝法の問題です。**

 ## 解くための下ごしらえ

　ゲームの必勝法の法則を使います。
　本問で1回に取ることができる枚数は2〜6枚ですから、2+6=8（枚）で100枚を割ることになりますね。

> 😈 **法則！**
>
> ゲームの必勝法
> 全部でN個のものを2人で交互にa〜b個の範囲で取り、最後の1個を取ったほうが勝ちとするとき、先手は初めに、N÷(a+b)の余りの個数を取れば必ず勝てる。

 ## 目のつけ所

　法則に従って計算すれば答えはすぐに出ますが、実際の操作方法も合わせて確認してみましょう。

正解は **3**

全部で100枚ですから、これを（2+6）で割ると次のようになります。

$$100 \div (2+6) = 12 \quad 余り 4$$

すなわち、100枚 = 8枚×12組 + 4枚となり、図1のように表すことができます。

図1

これをAから順に左から取っていくとすると、Aが余りの4枚を最初に取ってしまえば、あとは8枚×12組だけが残ります。

ここで、図2のように、たとえばBが3枚を取ったら次にAは5枚を取り、Bが6枚を取ったらAは2枚を取るというように、Aは、Bが取った枚数と合わせて8枚になるように取っていくことで、8枚の組を1組ずつなくしていきます。「最少+最多」の「8枚」であれば、Bが2〜6枚のどの枚数を取っても、残りをAが取ることができますからね。

そうすると、最後の1枚はAが取って、Aの勝ちとなります。

図2

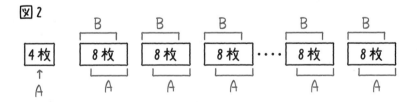

よって、Aが最初に取る枚数は4枚で、選択肢3が正解です。

ちなみに、最後の1枚を取ったほうが負けというルールであれば、図3のように、Aは最後に1枚だけ残すようにすればいいので、最初に3枚取れば必ず勝てることになります。

図3

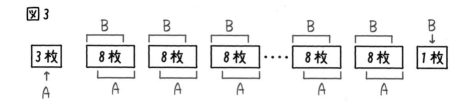

【著者紹介】

畑中敦子 （はたなか・あつこ）

大手受験予備校を経て、1994年度より東京リーガルマインド専任講師として14年間、数的処理の講義を担当。独自の解法講義で人気を博す。

現在、株式会社エクシア出版代表として、公務員試験対策の書籍の執筆、制作などを行っている。

主な著書に『畑中敦子の数的推理ザ・ベスト プラス』『畑中敦子の判断推理ザ・ベスト プラス』『畑中敦子の資料解釈ザ・ベスト プラス』、共著に『畑中敦子×津田秀樹の「数的推理」勝者の解き方 敗者の落とし穴』『畑中敦子×津田秀樹の「判断推理」勝者の解き方 敗者の落とし穴』（いずれも小社刊）などがある。

（公務員試験）

畑中敦子の「判断推理」
勝者の解き方トレーニング

2020年9月26日初版発行

著者	畑中敦子ⓒ
発行人	畑中敦子
発行所	株式会社エクシア出版
	〒101-0031　東京都千代田区東神田2-10-9
印刷・製本所	サンケイ総合印刷
DTP作成	株式会社カイクリエイト
装幀	前田利博（Super Big BOMBER INC.）
カバー・本文イラスト	ひぐちともみ

乱丁・落丁本はお取替え致します。小社宛にご連絡ください。

ISBN 978-4-908804-55-7　Printed in JAPAN

エクシア出版ホームページ　https://exia-pub.co.jp/

Eメールアドレス　info@exia-pub.co.jp